守之節

税理士のワビ、サビ、洒落、そして作法

山本守之 著

中央経済社

人間の感性から税をみつめてみたい

税法にはお金を取られる仕組みが書いており、しかも、その内容が難解であるとすれば、「そんなものはこの世にないほうがいい」ことになる。しかし、今日の税法は私たちの祖先が血を流しながら闘い取ったものだという事実を知れば、頭から毛嫌いするわけにはいかない。もともと税は、力の弱い「支配される者」が、力の強い「支配する者」に、犠牲的に貢物を納めたことからはじまるが、これに味をしめた支配者は次に貢物を差し出すよう強制した。貨幣経済が発達してくる近世に入ると、領主は自らの贅沢や領地争いに財を使い果たし、それを補うために新しい税金を次々考え出した。入市税、営業免許税、鉱山特権税などである。

封建末期には、貴族や僧侶には特権的な免税が認められていたが、人民にそのようなものはなく、税負担はますます重くなっていった。当時課されていた不公平な人頭税や重い塩税などに対する不満がフランス革命の引き金になったとも言われている。支配者(統治者)の恣意的な課税を許さず、国民の代表である議会の承認なしに課税はできないという大原則は、フランスのみならず、イギリス、アメリカでも人民の尊い血を流して確立されたものである。『マグナ・カルタ』（1215年）、『権利請願』（1628年）、『権利章典』（1689年、「代表なくして課税なし」）、アメリカ独立戦争（1775年〜1783年）などといった教科書に出てくるような知識は、税の不公平をめぐる支配者と被支配者たちの闘いそのものであったかもしれない。

近代法治主義のもとでは、権力の分立を前提とし、公権力の行使は法律の根拠に基づいてこれを認め、それによって国民の自由と財産の保護を保障するというのが大原則である。したがって、国民の富の一部を国家の手に移す租税の賦課、徴収は、法律の根拠なくしてなし得ない。このルールを租税法律主義という。

実際に、日本国憲法第84条は、「あらたに租税を課し、又は現行の租税を変更するには、法律又は法律の定める条件によることを必要とする」と規定し、同法第30条では、「国民は、法律の定めるところにより、納税の義務を負ふ」と規定している。

役所は租税法を解釈し、そして執行するが、少しでも税収を増やす方向で執行しようと、役所の論理がはたらく余地がある。租税法の解釈は役所にだけ認められた特権ではないが、やはり国家の力は大きい。

そこで、役所の解釈がおかしい場合に、「自由に」、すなわち自らの信ずるところによって租税法を解釈し、その租税法律主義に基づき納税者を守る専門家が必要である。その存在こそが自由職業人たる税理士だ。

自由というのは、何をやってもいいということではなく、自分の信ずるところによって生きることができるということだ。「ノー」を「ノー」と言えるのが自由、そして自由職業人であり、自分の良心に従って行動ができるのである。

だからこそ、相手が役所であれなんであろうと臆することなく立ち向かうことができる。税務調査なんかは1つも怖くない。悪いことをやっていないのなら堂々として、解釈の違いはとことん突き詰めるべきである。

このように税理士は自らの仕事に誇りを持つべきであるとは思うが、勘違いしてはいけない。別に納税者は税理士の資格自体に尊敬の念を持ってくれるわけではないのだ。「ご商売は?・」と聞かれて「税理士をやっています」と答えると、たいていは「いいご商売ですね」「堅実なご商売ですね」などと返してくる。これは別に尊敬しているからそう言っているわけではなくて、堅く儲けてるな、という意味でしかない。

テレビドラマや映画に登場する税理士をみれば、世間がその職業に対して抱いているイメージがよくわかる。たいていは悪いほうについているブレーン役か、よぼよぼのおじいさんなのだ。

それでは、納税者、国民全体から信頼されるような税理士になるためには、どうすべきか。当然、役所の代弁者=行政のお手伝いのようになってはダメである。だからといって、今度はクライアントの代弁者となって、税を1円でも安くしようと考えるようなことも適当ではない。さらに、会計事務所の所長として顧問料や報酬の関係から税制がどうあるべきかなどと考えるのも本末転倒である。

自由職業人たる税理士は、ほとんどクライアントにもならないようなサラリーマンまで含めた国民全体の声を代弁しなければならないのだ。

そんな「自由職業人」としての税理士であり続けたいという思いが強すぎるせいか、はたまた少し洒落っぽく生きたいと思っているだけなのか、私は税理士のバッチを付けたことがない。

その代わりといってはなんだが、私のトレードマークでもあるフクロウのバッチは数多く所有している。また、愉快にやろうというときはミッキーマウス、短気を起こさず気長に…という場合にはモジリアーニという画家が書いた人の顔、みんなとハーモニーを大事に…というときにはホルンのバッチを付けている。その時々の気持ちを表現するための1つの手段として、こうしたバッチを付けて遊んでいるのだ。

こういう生きざまというか洒落が許されるのも税理士だからだと思う。洒落のための自由がある。しかし、この自由が当たり前ではない世の中もあった。

私が小学校、中学校の時は皇国史観で歴史を学んだ。終戦後、皇国史観で歴史を教えた学校の先生は教職追放（民主化のため不適格な教職者をその職から排除した）されることになった。

確か中学1年の時だったと思う。私は当時からへそ曲がりで、やらなきゃいいのに、先生を守ろうと追放の反対（署名）運動をやった。しかし、占領軍の憲兵につかまって、取調べを受けることになった。

まだ中学1年の子供である。それにもかかわらず、占領目的に反するとか何とかといってしっかり尋問されてしまったのだ。私はどうなってしまうのか不安で仕方がなかった。しかし、向こうはピストルをくるくるっとまわして遊びながらそれをつきつけてきた。あまりに怖くて小便をもらしてしまった。今から考えれば占領軍に引っ張られるのは大変なことだった。それでも先生を守ろうとしたが、そのような自由は許されていなかった。先生もあえなく追放されてしまった。

そんなことが影響したのかどうか、私は高校に入ると弁論部に入り、仲間と切磋琢磨し、討議の技術を磨いた。その頃の弁論大会で発表した題目としては「何が民主主義を成立させるか」「基本権の限界」「新憲法と農村青年の使命」「信念の再認識」といったものが並ぶ。今からすると、非常に政治的、思想的な感じがするが、当時はそういう時代で、私の作文には教師から「思想内容がやや淋しい」と赤入れされていた。

同じく高校の時であったと思うが、ストライキを行う教師を弾劾するような活動も行った。言いたいことをしっかり主張する。間違っていることを間違っていると言う。当たり前のように聞こえて当たり前ではない時代があった。そうした経験が、私の税理士としての、いや人間としての感性をかたち作り、私の生きざまとなったように思う。

そこで、まず本書の第1部では、そうした自由職業人という考え方に至った半生を振り返り、税理士であれば当然のこととして大切にしなければならない自由職業人の条件を考えてみたい。自分の話を他人に披露するのは気が引けるが、老人のたわごととして、読んでほしい。戦後に育った若い税理士、また税理士を目指す読者の皆さんが、戦後税制というものがどのような社会背景を前提に作られていったのか、その一片でも垣間見ることができたならうれしく思う。

また、私は税理士になって以来、事務所の運営はもちろんのこと、受験指導や研究活動（海外視察も含む）、論文や書籍の執筆など幅広い活動を行ってきたつもりである。と、少し格好のよいことを言ってみたが、現実には目の前の仕事に対してただがむしゃらにそしてひたむきに向き合い続けてきただけである。振り返ってみれば、「塵も積もれば山となる」ではないが、1つひとつのそれらの活動とそこで出会った人たちこそが、私にとって大きな財産となっていた。第2部では、こうした活動について関係の深い人たちとともに回顧した。

私は『人間の感性から税をみつめる』ということを大切にして税務に携わってきた。先述のように、それは役所の論理でもクライアントの論理でもない、普通の人の心というものを大切にしたアプローチである。そんな姿勢で頑固に臨んできたために、苦労も多かった。第3部はそのような私がお上に逆らい続けた自由職業人の日誌のようなものである。ここで取り上げられた法律、通達や裁判例の問題から、税理士として大切にしてほしい原則的な考え方、すなわち机上にとどまらない血が通った租税法律主義のあり方について理解を深めてほしい。

令和2年11月　妻・美枝子に

山本　守之

目次

人間の感性から税をみつめてみたい・003

第1部 自由職業人の誕生――017

1 税理士前夜――山本家のワビ、サビ、洒落……018

生活が苦しかった頃・018
太平洋戦争、東京大空襲、そして弁論・020
ワビ、サビ、洒落・023

2 税の道へ――「ノー」を「ノー」と言える自由のために……026

「税務講習所」の門をたたく・026
「ノー」が言えなかった税務職員時代・028

3 開業した頃——武士は食わねど高楊枝……031

第2部 自由職業人の輪——035

4 受験指導——自分のアタマで理解して……036

なぜ税理士を志すのか・036

真の実務家を育てるために・041

5 山本守之税理士事務所——税務は「中年の科学」……043

採用試験・044

机上でなく実地で学ぶ・045

税務調査への対応・047

事務所ののれん分け・050

だんらん会・051

隠れタバコ・053

6 ベストセラー作家——消費税導入物語……055

付加価値税の検討が始まるまで・055
国債依存度の高まりと一般消費税構想・058
売上税法案廃案からの消費税法案成立・061

7 海外視察——世界の多様な現実からみた税のあり方……063

百聞は一見に如かず・063
お腹の中に入ったら課税・065
トコトン争うフランス人・067

8 守之会——租税における民主主義を体現する……070

税務上の不確定概念を議論する・071
憎むべき狂気は…あるべき姿のために戦わないことだ・073
税理士は学者ではない・075
取引にも、税法にも、すべての背後に人間がいる・077

第3部　自由職業人の心得――079

9　税理士とは何か……080

税理士の使命・080
税理士の成り立ち・082
法律家か、それとも会計人か・085
現在の税制度の持っている問題点・087
学者か、それとも実務家か・089

10　課税の根拠は法律にある――貸倒れは単純ではない……091

通達の文言だけでは税務処理できない（旧興銀事件）・091
ホームページ行政・094

11　法律を正しく読む――寄附金の課税要件……096

安易な寄附金課税・096

寄附金の課税要件・100
裁判所の結論・105

12 取引・行為の形式ではなく実質をみる――交際費3要件と個人的歓心……107
交際費と言えば1人当たり5,000円基準でよいのか・107
萬有製薬事件と交際費の3要件説・109
相手方の個人的歓心を買うかどうか、行為の本質をみる・114

13 取引の現実を知る――損害賠償金の課税をめぐる議論……117
同時両建説と異時両建説・119
訴訟例（過去の経緯）・120
法形式だけでなく、取引の現実をみつめる・124

14 通達の限界――ロータリークラブ会費等の取扱いの変遷……126
ロータリークラブは単なる社交団体とは違うのか・127

実は一律『賞与』扱いだったロータリークラブ会費・130

15 課税される意味——SDGs時代に寄附金課税をみつめなおす……135

寄附金課税の趣旨・136
見識ある自己利益・138

16 立法作法に厳しいまなざしを——役員給与の損金不算入規定……141

役員給与の損金不算入・142
役員給与は原則損金不算入か・146
悪法も法なり・148

17 経営の知恵と官僚の知恵——減価償却の目的を考える……151

主税局が呑んだわけ・151
償却可能限度額に理論などない・152

減価償却は投資の回収か、費用の配分か・154
減価償却の目的・155

18 「お役所本」を疑え――〝伝家の宝刀〟の中の租税正義……159

伝家の宝刀・160
「不当に」の解釈・162
租税正義を求めて・165

大切な人を想う心で税をみつめたい・169
おわりに・173

第1部 自由職業人の誕生

終戦直前の真岡中学１年生の頃
（益子町塙）―昭和20年５月

1 税理士前夜――山本家のワビ、サビ、洒落

生活が苦しかった頃

私が生まれたのは、昭和8（1933）年、ヒトラーがドイツの首相になった年である。父・徳太郎、母・ヨネの次男として生まれた。姉・富江（大正14年生）と、兄・圭一（昭和4年生）がいる。

もともと父は足袋職人であったが、度重なる病や関東大震災等の厄災を受けて、大正14（1925）年頃より東京（荒川区の尾久）で、カイロ灰や蚊取線香の代理店、さらには駄菓子と荒物の小売（母の担当だった）を行っていた。この頃は比較的裕福であったが、もともとあまり丈夫でなかった父は無理に無理を重ねて働いた結果、心臓を患ってしまう。床について営業にまわることができなくなると、事業はたちまち立ち行かなくなり、生活苦が始まった。

駄菓子の小売だけで食べることはできず、母は近所の魚屋の指導のもとで、魚の行商を行うことになった。小台橋のたもとから舟に乗り、築地に仕入れに行って、改造した乳母車に品物を乗せて、雨の日も風の日も尾久一円を売り歩いた。

舟から品物を持ち上げることが女の力ではできず、船頭さんがいつもかつぎ上げてくれたそうだ。母は「この時のありがたさは今でも忘れることができない」と言っていた。私はまだ2歳前後だったので、朝早く商売に出かける母の着物をつかんで「カーチャン」とまとわりついて、それを引きはがすように行商に出るときは本当につらかったと言う。

家賃の滞納など諸々の事情で尾久の家を出なくてはならず、砂町に引っ越すことになった。そこで母は勤め先を探すものの、不景気であること、女であること、年齢の問題などでどこも雇ってくれなかった。そこで、父が家内でベッコウ飴を焼き、屋台で売り歩くことになった。

方々から援助を受けながら生活を続けたものの、長くは続かない。極度の生活苦のため、ついに長女の富江（姉）を父の親元（千住）にあずけ、親子5人が別れ別れになってしまった。いろいろと流転したものの、結局尾久に戻り、ある酒屋さんの世話でその持ち家の2階に移り住んだ。その家の階下は帯止工場となっており、2人はそこで働いた。

夏休みに姉が帰ってくると、「三度の食事は一度でいいから家にいたい」という言葉に一家は抱き合って泣いた。姉は高等科を中退し、人形を作る工場に通い出した。その後も、時計工場や鉄工場で女工として働き、2人の弟のために自分の青春を犠牲にした。事情をまだわかっていない私が小遣いをせがむと、兄は黙って手を引き、「わからないことを言うんじゃないぞ」と言い聞かせたそうだ。

ところが、母が夜に近所の軍服工場に通い出したことや父の仕事にミスが多いことを理由に、大家である酒屋さんから、私たちは追い出されてしまう。そこで、工場の女工さんの世話で同じ尾久の4丁目に一軒の家を借りて移り住んだ。当時の書類には敷金が36円、家賃が12円と書かれている。この家は戦災で焼けるまで7年間住んだ。階下が2畳と4畳半と台所、2階が4畳半と3畳の2間であった。

やがて、母と姉が鈴木製作所（のち守谷産業）という軍需工場に女工として通い、生活がやや安定した。月給日になると、母を迎えに行き、小台通りの商店でカツを買って帰り、一家は数年ぶりの明るさを取り戻した。昭和13（1938）年のことであった。

太平洋戦争、東京大空襲、そして弁論

昭和16（1941）年に太平洋戦争に突入してからは物資の不足は日を追ってひどくなった。ただ、ここで父・徳太郎の足袋職人としての技術が生きてきた。衣料配給の中で足袋は極度

に不足しており、人々は着物の帯芯をはずして足袋の底地に流用した。これらの材料を近所の人たちが持ってきては父が加工したのだ。夜なべをするほど忙しく働き、この収入が姉の結婚資金になった。尾久の家の2階の2間は貸間としていたが、入居人の1人、日下部定吉と結婚することになったのである。

兄・圭一も昭和19（1944）年に、住友通信工業に勤めに出た。

私はその頃小学6年生（尾久宮前小学校）になっていたが、福島県の須賀川に学童集団疎開をすることになった。物資が不足する中で、母が私の大好物であるオハギを作って面会に来てくれたことは忘れられない思い出である。

昭和20（1945）年3月に東京に戻ったが、連日のように空襲に見舞われた。父はどんな激しい爆撃の際にも「人間死ぬときはどこにいても死ぬ、穴の中で死ぬのはいやだ」といって、決して防空壕に入らなかった。

4月13日の空襲で、家はすっかり燃えて灰になってしまった。このときばかりは、兄が父を抱えて布団をかぶって逃げた。家が焼けたことにがっかりするより、家族が助かった喜びのほうが大きかった。

その後、一家は、母の弟が住む栃木県の益子町に疎開することになった。

爆撃によって得た火災保険金（3、000円）と、東京に引き返した兄からの送金でやりくりしていたが、兄は（当時の東京の食糧事情から）帰省するたびにやせ細っていった。見るに見かねて、父は兄を退社させて益子に呼び寄せた。しばらく休養し、姉の夫である定吉を頼って再び東京に出て沖電気工業に就職した。兄は沖電気に勤めながら自分が中学に行けなかったのでせめて私にだけは中等教育を受けさせようと王子工業に入学させてくれた。ただ、王子工業に通ったのは入学式だけで、戦災のため、真岡町にある県立真岡中学に転校した。兄はわずかな給料の中から、学費をねん出し、卒業させてくれた。

在学中は、スポーツは費用がかかるので、弁論部に入り部長も務めた。雑記帳なども買えなかったため広告紙の裏面を利用し、靴なども配給されたものが破れても修理に出すこともままならず、釘で打ち付けて履いた。弁論部の部長として、各校に遠征し、明治大学で行われた東日本大会で優勝した。賞品を受け取るのに演壇に登る際に、大きなツギハギが目立って哀れであったと兄が話してくれた。

益子での生活は、昭和20（1945）年5月から、昭和27（1952）年12月まで7年間続いた。

弁論大会で優勝し、内閣総理大臣賞を受賞した―昭和26年2月

ワビ、サビ、洒落

母は闇屋をやって生活を支えた。益子で買い集めた闇米や父が作った手巻きタバコをもって知人の多い尾久に行き、売りさばいたのである。私も学校の休みに手伝ったが、警察の取り締まりも厳しくなり、なかなかうまくはいかなかった。

母とタバコ畑で下草取りをしていたときに、「俺が働けるようになったら、きっとお父さんや母ちゃんを楽させるから」というと、気の強かった母がポロっと涙を流した。

父は足が不自由で五体満足ではなかったが、決してカカア天下ではなかった。家のことはすべて父が決めたし、私たち子供もそれに従った。

それは、父の人間そのものがそうさせたのだと考えている。学校の月謝を払えないで滞納したこともたびたびあり、姉の訪問着を質入れして払ってもらったこともある。それでも恥ずかしいと思ったことは一度もなかった。家の中には常に笑いがあり、明るさがあった。

父の大きな心と母の働きがそうさせたのだと思う。

私は父から殴られたという記憶がない。説教をされたということもほとんどなかった。教育は、自らの生活態度と象のようにやさしい目で、全く効果的になされたのである。

また、叔父・重は父の死に接して、こんな言葉を寄せている。

「徳太郎は明治の人間として『ワビ、サビ、洒落』を心得ていた。子供はこのおやじの持っていたよさをうけついでほしい。子供達にいいたいことは、徳太郎夫婦が苦労し、また子供達も自分の青春を犠牲にして生きてきたが、このことを正しく孫達に伝えてほしい（中略）徳太郎が自分の生き方そのものを正しく自然に伝えることによって子供の教育をしたように、孫達にうけついでほしいということである。互いに思いやりのある人間、つまり愛情を持ち合わせる人間はここから出てくると思うからだ。」

自分もそうあれたかどうかはともかく、こうした父の考え方が私の生き方に大きく影響していることは間違いない。

私は学校を卒業すると、兄を頼って上京した。そして税務講習所に入所し寮に入った。兄と協力して、益子から両親を呼び寄せたのは昭和27（１９５２）年のことだった。しばらくはアパート住まいであったが、このままでは一生アパート住まいで終わってしまうという焦りやどうしてもタイルの風呂に父を入れてやりたいという思いから、独断で小岩信用金庫にいって、住宅金融公庫の手続をしてしまった。

ちなみに、この申込みには建築する土地を所有しているか、借りていることが条件となっていた。ただ、そんな土地のあてがあるはずもなく、デタラメの地番を建築の予定地として書いて申し込んだのだ。

実のところ、公庫は年2回申込みが可能で、4回抽選に外れると優先権ができるため、その回数稼ぎの意味もあって申し込んだのだが、不幸にも1回で当選してしまった。慌てて土地探しをはじめ、稲毛に25坪の土地を坪4、000円でみつけてきた。

山本家始まって以来の、しかも3間の家が完成したのは、昭和34（1959）年の春だった。

2 税の道へ

——「ノー」を「ノー」と言える自由のために

■「税務講習所」の門をたたく

さらっと税務講習所（現在の税務大学校）に入ったことを述べたが、もう少し「何ゆえ私は税務の道に入ったのか」を考えてみたい。読者の皆さんには残念な答えかもしれない。「それ以外に私の進む道がなかった」からである。ただ、決して望んだ道ではなかったが、私の一生を左右することになった。

私が疎開先の栃木県の高校を卒業した昭和26（1951）年は不景気で就職先がなかった。疎開先の栃木県益子町の町役場に勤めようとしたが、地元の人が優先されるため、東京から疎開している私にとっては厳しい状況であった。

　現在の失業率は3％程度であるが、この時代に比べれば、よほど贅沢を言わなければ完全就職の時代であるといっていい。人手不足で就職に苦労することはなく、なんともうらやましい。

　こうして就職に困っている頃のある日の新聞に、小さく「税務補助職員募集」と書いてある記事をみつけた。戦後初めて行われた人事院の試験である。それまでは税務署長の面接による縁故募集であったが、人事院なら公平だろうと思って飛びついたのである。倍率は30倍、合格者のうち「税務講習所」に入れるのは4人に1人であったので、通算120倍の試験であった。

税務講習所の身分証明書

　これに運よく合格し、初任給は4,000円であった。当時はカバンが1万2,000円、背広が1万円であったので決して満足できる額とは言いがたいが、月給をもらい、民法、民訴、刑法、租税法、会計学、各種税法が学べるのだから文句はない。全寮制度で寮費、食費を引かれると700円ほどになり、このうち500円を実家に送ると手元には200円しか残らない。しかし、楽しい1年であった。

今でも覚えているのは、千葉の裁判所の判事補が民法などを教えてくれたことである。判事補もまだ若いから言いたいことを言っていたのであろう。「税と民主主義」などという大それた話を夢中で聞いて感激した記憶がある。

「ノー」が言えなかった税務職員時代

税務講習所を卒業すると、各税務署に配属される。当時の局長の方針で、最初は全員が徴収、管理担当である。当時の税務署では「法人のお方、所得の連中、間税の旦那に徴収の野郎」というランクがあった。

賦課するほうはふんぞり返って仕事をしていたが、徴収は法人税や所得税の課税の不公平を納税者から聞きながら仕事をしなければならなかった。納税者の不満は、税法どおり執行されていないという不公平にあった。

ここで租税法律主義の大切さを学んだ。その後、部署としては所得、法人と転課していったが、ここでは通達の強さが身にしみた。

各地の税務署で要求されたのは、真面目な国家公務員の姿であった。租税法を大事にしないで「通達には従わなければならない」「通達に意見があれば役所を辞めて民間人になれ」と指導された。

自分の信ずるところを発言するとき、場合によっては辞表を懐に入れながら発言しなければならない。自由職業人になれば自分の責任で発言できるわけなので、そういう制約は一切なくなる。

「ノー」を「ノー」と言える自由が欲しかったというのが税理士になったきっかけだった。また、公認会計士になることもできるし、司法試験を受けて弁護士になることもできるが、税理士試験制度は働きながら受けることができるという非常に大きな特徴を持っていた。生活が保障されているわけではないので、働きながら自由職業人になる道は、税理士しかなかったのである。

私は税務職員であった時代に、「国税通則法に関する一考察」という論文を寄稿したことがある。同法の制定に関する大蔵省の原案は第1次案から第5次案まであり、第1次案はヒトラー政権の作った「ドイツ租税調整法」の丸写しだった。

1934年にヒトラーが租税法を自己の世界観に合わせるために制定したドイツ租税調整法は、その6条において「納税義務は民法の形式又は形成可能性を濫用する事によって回避し、又は軽減することはできない。」「濫用が存在する場合においては、租税は経済上の行為、事実及び諸関係に適合する法的形態に則して徴収さるべき額に於て徴収されなければならない。」

としている（※当時の原稿より一部抜粋）。

現職の公務員でありながら私はこれに反対したのである。公務員を退職する覚悟がなければこのような原稿は書けなかった。

しかし、先に述べたとおり、通達に文句があれば役所を辞めて税理士になれということだが、生活があるのですぐには辞められず、税理士になるのは10年後であった。なお、当時はシャウプ勧告に基づく税制が実施されたが、それは理想に走りすぎており、経済成長と国民所得の増加を最優先とした結果、骨抜きになっていった。そうした税務執行の現場に身を置き、歯がゆい思いだった。

税務署のOBから税理士の特別試験を受けるのなら日商簿記の3級程度だから全員合格となる。しかし、私は在職中の21歳から一般試験に挑戦し、5科目を合格するのに5年を要した。一般試験は合格率数パーセントで、落とすための厳しい試験だった。

そのうえ、私は会計科目（必修）のほか、厳しいと言われる法人税法、所得税法、国税徴収法を選択した。5科目全部を合格したのは25歳の時（昭和33年）であった。

3 開業した頃——武士は食わねど高楊枝

昭和38（1963）年2月16日、妻・美枝子と結婚した。同じ年の7月31日に税務署を辞職した。退職金は30万6、220円で、積立金をあわせると50万円ほどになった。翌年には長男・裕之が生まれ、4年後には長女・結花が生まれた。

新小岩（葛飾区平井中町）に事務所を開業するにあたって、まず電話を引かないと商売にならない。そこで電話局に申し込むも、「架設は順番になっていますから最低2年はお待ちください」というつれない返事。しようがないので、日本橋の赤木屋で電話加入権を買った。

当時電話加入権は、電信電話債券も含めると15万円必要だった。それに、6畳と4畳半の木造アパート（事務所兼住居《すまい》）を借りる権利金が15万円。残りのお金で4畳半の部屋に応接セットを買った。当初は仕事机も購入できず、ちゃぶ台に帳面を広げて記帳していた。顧問先第1号の「互光商会」さんのご好意で複写機を安く譲ってもらったり、先輩や知人等に新しい仕事を紹介してもらったりと、本当にありがたかった。しかし、アパートを訪ねてきたお客さんの中には、「それで先生、事務所はどちらでしょうか」などと言う人もいた。「ここです」と答えると、シラーっとした雰囲気になってしまったこともあった。

茂原税務署時代に妻と出会い、その関係は三ッ峠のハイキングで急発展
―昭和38年２月

「やはり事務所はなんとかしなくては」と考えていた矢先に東新小岩の田んぼの中に20坪ほどの売地をみつけた。株を売り、預金をすべてはたいてこの土地を買った。

しかし、建築資金がない。銀行を駆け回ったが、預金もなければ担保になるような資産もないわけであるから、断られるのは当たり前であった。この窮地を救ってくれたのは、会社を経営していた従兄弟の蓮見繁夫氏だった。蓮見氏の紹介で信用金庫から融資を受けられることになったのだ。今考えてみても、綱渡りのような毎日だった。

不足する資金のことで頭を悩ませているところに、新築祝をそっと差し出してくれる知人がいた。また、田んぼの中の土地であったばかりに電話の移設ができないという問題もあった。1件の電話のために10本近くの電柱を立てて移設するという無茶な願いを、ある知人が各方面に交渉して実現してくれた。事務所が円滑に回転を始めると、事務職員が必要になってくる。ここでも、当時村田簿記学校の教師をしていた岩下忠吾氏がいつも生徒を紹介してくれたので、人が不足する悩みも知らなかった。

事務所の発展は、常に周りの人たちの好意によって支えられていた。

話は少しさかのぼるが、土地を購入したとき、とうとう手持ちの金が千円札1枚と百円玉数枚になった。妻は今後の資金を心配して薬局に走った。裕之のミルクを買うためである。大人は2、3日食べなくとも何とかなるが、子供はそういうわけにはいかない。妻には苦労をかけたが、少しもみじめな思いはしなかった。幸せだった。

つらくてなかなか食べていけなかったけれども、「もうだめだ」という頃になると、やっと顧問料が入ってくる。しかし、そこは、武士は食わねど高楊枝。お客さんの前で税理士がお金の細かいことを気にするようではいけない。「いやあ、顧問料なんていつでもよかったんですよ」などとうそぶいて、こっそり妻のところへ行って「入った! よかったよかった!!」と大喜びしたものである。

事務所を開いて最初の頃は仕事も少なく暇なので、もらった仕事は丁寧にする。お客さんが銀行や国民金融公庫からお金を借りる時も同行したりすると、あの先生はよく面倒をみてくれる、という評判になる。顧問先から次の顧問先へと今でいう口コミで広がっていって、次第に食べていけるようになった。ところが、順調な仕事の進展とは裏腹に、職業に対する贅沢な疑問がムクムクと頭をもたげていった。

『俺は毎日記帳や決算を繰り返しているが、一体この現象は自分の職業として、正しい道を歩んでいるんだろうか』。税理士は自由職業人であって、決して記帳代行会社の社長ではないはずだ。記帳代行を中心として仕事をしていく限り、高度に発達したコンピューターの中に埋没してしまう。顧問先が求めているのは、決して記帳機械に取って代わることのできる分野ではなくて、判断し、分析する人間の心と、知識であるはずだ。たとえ、コンピューターを導入するとしても、それは主体となる人間の手足としての役目でしかない。『俺はもっと勉強しないと、世の中から置いていかれるぞー。』」

最近流行りの「ＡＩに淘汰される税理士」の話かというとそうではない。50年近く前に、事務所開業10周年の記念会（昭和48年11月17日）の席で、当時の心境について、語ったものである。先見の明があったと言いたいのではない。税理士、いや自由職業人とは何のためにあるのかという本質的なところは、今も昔も変わらず問い続けられているのだ。まさにこれが税理士山本守之の原点となったのである。

第2部 自由職業人の輪

執筆活動はここから始まった
―昭和48年11月

4

受験指導——自分のアタマで理解して

なぜ税理士を志すのか

私は税理士になってから一般試験の受験指導を始めた。受験の不公平を指摘するより、若い人に一般試験に挑戦してもらうためである。毎日どこかの受験機関で指導を行った。月曜日～金曜日の夜は東京、土曜日と日曜日は東北、名古屋、大阪、九州を月１回ずつ巡った。教え子は１万人、合格して年賀状を交わしてきた人は３，０００人となった。

その１人が、現在もＥＹ税理士法人沖縄事務所の所長として活躍されている幸地啓子さんである（なんと１８０人のメンバーを束ねているそうだ）。この本を執筆するにあたって、当時のことを少しでも思い出そうと、ＷＥＢで彼女と話をする機会を得た。教え子とはいうもののすでに大物である。いささか失礼かもしれないが、私は改めて「なぜ税理士を志したのか」と聞いてみたところ、こんなことを話してくれた。

私は、警察官の父、雑貨店を営む母のもとで育った。3月の確定申告の時期になると、商売をする母は「私はそんなに儲かっていないのに税金が高すぎる」と怒っている。そうすると、公務員である父は「俺の給料がどこから来ているのかわかっているのか。進んで納税すべきだろう」と言い、「払いたくないわけでない。額がおかしいのだ」…等々と毎回夫婦げんかになるのだ。こうしたやり取りが毎年繰り返され、税金って何だろうという不思議な思いが心のどこかにあった。

その後、大学受験のための予備校の進路相談で、弁護士になりたいから法学部に行くと言ったが、「(沖縄で) 女が司法試験に受かることはないからやめなさい。国語ができるのだから国文学科はどうか。」と勧められた(当時はそういう時代だった)。しかし、国文学科で儲けるためにはベストセラー小説を書くしかない。これはとても望めないと思った。幸いなことに数字が得意だったので、その関係の仕事はないかと聞いたところ、会計士と税理士という職業を教えてくれたのだ。それで琉球大学の商学部に入ることにした。

しかし、琉球大学に入るときの2次試験の面接で教官が「沖縄に公認会計士はいらない」とおっしゃった。というのも、当時は沖縄に監査を受けるような会社は5社しかなかったが、すでに沖縄に会計士が6人いたのだ。そこで、税理士であればどんな大きな会社でも、小さな会社でも申告は行うから、仕事には困らないよ、と助言してくれたのだ。

税か…と考えたときに、子供の頃に父と母がけんかをしていた記憶がふとよみがえり、「税理士になろう、沖縄の中小企業の力になりたい」と思った。（幸地さん）

私が受験指導を行っていた1970年～80年当時にも、「君はなぜ税理士試験を受けるのか」と受験生に対して質問をしたことがある。多くの人が「働きながら国家資格を得られるのはこの試験しかないからです」と答えてくれた。司法試験にせよ、公認会計士試験にせよ、挑戦するためには働くことをあきらめて生活を受験1本にしなければならないが、税理士試験ならば働きながら1科目ずつ合格科目を積み上げることができる。このように家族、生活を守りながら必死に資格を取るからこそ、中小企業の相談相手としてふさわしいのかもしれない。

幸地さんのお母さんは「一生懸命働いてお金を稼いだ。そこから差し引かれる税金の額がなぜその金額になるのか」と疑問に思ったのだろう。幸地さんは、時代的なこともあり、第1志望ではなかったかもしれないが、税理士となり、その疑問に答えていく道を選んだ。そうした疑問に答えることは、「納税義務者の信頼にこたえ」ることでもあるから、まさに税理士の使命である。税理士を志す幸地さんに、いったい私はどんなことを話したのだろうか。当時のことをさらに聞いてみた。

当時の沖縄には予備校がなく、1科目2年、5科目10年で合格するというのが普通であったが、税経セミナーなどの受験雑誌には、東京の予備校に通えば1～2年で合格できると書かれている。親の反対もあって、大学卒業後1年間アルバイトをしてお金を貯めてから、昭和51（1976）年に上京した。

一番受講者が多かった大手簿記学校に入学するも、丸暗記方式の勉強方法にイマイチ納得できない。そんな中でみつけたのが夜間に開講していた税経学院（税務経理協会）であり、そこで法人税法の教鞭をとっておられたのが山本先生だった。

税経学院の講師陣は、山本先生以外も、所得税法は宗村文子先生、簿記論は横山和夫先生、財務諸表論は松葉邦敏先生と錚々《そうそう》たる顔ぶれだった。昼は大手簿記学校、夜は税経学院に通い、そのおかげもあって、比較的早く合格することができた。高卒の若い方が多く通う大手簿記学校に対して、夜間の税経学院の学生は主に社会人だったと思う。

当時の簿記学校では、サブノートを暗記して答案を書けば、50点満点でほぼ50点を取ることができた。ところが、全く同じ問題が夜の山本先生の講義で出題されて、同じように答案を書いたところ、忘れもしない50点満点中14点という点が返ってきたのだ。先生は答案を返すときに生徒たちに「どこかの簿記学校のサブノートを丸写しして金太郎飴みたいな解答を書いている人が多すぎる。これでは税理士として先が思いやられる。」とぴしゃり。税法は丸覚えをするのではなく、自分のアタマで理解しなければいけない。受験勉強といえども字面だけを読んではいけない。物事の本質をちゃんと見極めなさい。問うている問題が何を聞かんとしているのか、そのポイントを理解することができれば、解答もそのポイントに重点を置いて書けばよい。平板的でどんな問題にもそれなりに引っかかっているような解答の仕方ではだめだ、と。

こうした教えは、一見試験に受かるという目標に対して遠回りのようにみえるが、実際は、この先生のクラスを受講した同郷人はみな短期間で合格しており、なかには1年で国税3法に合格した人もいたのである。東京に滞在するには当然ながらお金がかかる。早期合格は私たちにとって死活問題だった。

私が受験した年の法人税法の試験（昭和52年）では、「法人税申告書における自署押印の意義を述べよ」という問題が初めて出た。他の簿記学校は総倒れで、合格率は過去最低で8％程度だった（例年は12％程度）。この試験を受けた沖縄の人間で、合格したのは山本先生のクラスを受講した3名だけだった。法律の字面だけを読めば、自署押印は義務である。しかし、先生はそんなものは必要ないなどとおっしゃる。そこから、自署押印の意味を考えさせるのだ。知識を単に覚えるのではなく、自分のアタマで考え、身につける。こうした姿勢こそが、試験の合格への近道だった。（幸地さん）

真の実務家を育てるために

私は、試験に合格させるということではなく、実務家を育てるという考え方で受験指導を行ったし、同じように受験雑誌にも寄稿した。教科書（もしくは税法）に書かれていることを覚えるアタマの体操的な学習ではなく、理論問題や計算問題を解きながら、教科書に書かれていることがなぜそうなっているのかを「考える」ように導く教育でなければ、真の実務家は育たないと考えていたからである。

当時も「試験に出そうなところだけ教えてほしい。実務家として必要な知識は合格後に勉強する」などという輩もいたが、一切相手にしなかった。受験中に勉強しないような者が、合格してから勉強するわけがないのだ。税法は毎年改正されるし、日々裁決例や裁判例などが蓄積されている。税理士の仕事には一生勉強が付きまとう。受験時代に、税法の勉強、研究の姿勢や作法を身につけることは非常に重要である。

受験中に予想問題やサブノートの暗記に頼っていると、税法の体系はもちろん、税法の学び方も理解しないままに税理士になってしまうという、私からみると不幸な人生を歩むことになる。合格後に勉強を遠ざけて、記帳代行に勤しむ、わからないことは税務署に聞けばよいというのは税理士の正しい生きざまとは言えない。幸地さんも「国家資格をいただいたというプライドを持っている。税務署に聞くのは、税法のプロとして恥である。」と語ってくれた。私の思いが40年経った今も教え子の中に生きている。とてもうれしかった。

沖縄に帰って、税理士として歩み出した幸地さんは実務家として活躍されていることはもちろんだが、後進の指導にも尽力された。沖縄に簿記を勉強できる場所がなかったことで非常に苦労されたので、簿記学校を作って、20年にもわたって指導されたのだ。彼女は「関与先のレベルアップになりますから」と笑って言うが、二足のわらじは非常に苦労も多かっただろう。税理士になられてからしばらくお付き合いはなかったが、ひょんなことから税理士会の研修会に呼んでもらい、以後30年以上にわたってお盆の時期に講演させていただいた。沖縄の方々のことは、もはや家族のように思っている。

受験指導にあたった約20年間は私にとっても税理士業務との二足のわらじであった。この間は日本税務会計学会長、葛飾区の教育委員もそれぞれ16年行った。子供たちには「ロクにパパいないいいない（692-8800、当時のわが家の電話番号）」とさみしい思いをさせてしまったが、幸地さんをはじめ、多くの教え子との出会いや、その教え子たちが「守之会」、「MYゼミ」、「飯でも喰おう会」などの研究機関を現在も続けてくれていることは、私の誇りである。

これから税を勉強する方、すでに勉強を始めた方に改めて伝えておきたいのは、税法は機械が書き出したものではなく、人間の言葉であるということ。その字面だけを追うのではなく、その心《しゃれ》まで理解できるように、税法を読み込んでほしい。

5 山本守之税理士事務所
——税務は「中年の科学」

前述のとおり、受験指導時代には税経学院で法人税法の講師を務めながら、受験雑誌『税経セミナー』では連載を執筆していた。これをまとめたのが『体系法人税法』（初版昭和59（1984）年）である。この本は、ありがたいことに昭和60年度日税研究奨励賞を受賞した。これにより私も法人税の専門家として多少知られることとなったのではないか。

当然のことながら、仕事は受験指導だけではない。本職は税理士、実務家である。第1部3「開業した頃——武士は食わねど高楊枝」で述べたとおり、昭和38（1963）年に新小岩で開業し（昭和46（1971）年に新橋に事務所移転）、コツコツと働いてきた。妻は「税務相談よりも人生相談に来る人のほうがはるかに多くて、商売にならなかった」などとも言っていたが、税理士は普通の人の生活実感のもとで仕事をしなければ共感は得られないと思う。

さて、そんな私の事務所も、『体系法人税法』を上梓する頃には、職員の中から税理士を目指す人が出てきた。『税経セミナー』に掲載していた職員募集欄をみて応募してきてくれたのが、小池敏範さんであり、また山口昇さんであった。小池さんは昭和46（1971）年、山口さんは昭和55（1980）年の春に大学を卒業、両人とも税理士試験合格を目指して勉強をしていた際に、職員募集の記事をみて応募してくれた。コロナ禍もあって、両人と直接会って話すことは叶わなかったが、小池さんとはメールで、山口さんとはWEB会議を通じてやり取りをして、当時を思い起こしてみた。

採用試験

小池さんも、山口さんも採用面接のことをしっかり覚えていた。筆記試験はニュー新橋ビル3階の事務所、面接試験は10階にある私の執務室で行われた。両人とも最初の質問は日本経済新聞の時事問題であった。どうも、小池さんには、「お酒は呑めるほうですか」などとも質問していたらしい。それに対して、小池さんは、ハッキリと「はい」と答えて無事入所。入所後には歓迎会で「呑める口だ」と酒を勧められ深酒をしたそうだ。昨今はアルコールハラスメントなどの問題もあるが、当時は良くも悪くもおおらかだった。かたや、山口さんは下戸でタバコも吸わないが、「筆記試験の時に終了の合図で他の受験生が筆を止めているところ1人だけ最後まで書き続けていた」という粘りの姿勢が奏功して採用に至ったと本人は謙遜している。

当時の採用試験では、必ず日本経済新聞から時事的な問題を出していた。税務に携わる人間は、税法や会計のことだけを知っていればよいわけではない。経済やビジネスの動向にもアンテナを張っていなければいけないからだ。

机上でなく実地で学ぶ

山口さんはとにかく真面目で、税理士資格の取得を目指して、始発の電車で出社し5時から始業の時間まで勉強していた。「勤務時間中でも空き時間があれば勉強してもよいと寛大な対応をいただいてありがたかった。合格発表の日には、霞が関の官報販売所まで、自分の名前が載っている新聞（官報）を買いに行かせていただいた。」と当時の思い出を語ってくれた。受験勉強は税理士という生涯学習の基礎になるものであるから、そこに打ち込もうとする人に、全面的な協力を惜しむわけにはいかない。

ところで、山口さんは退職する時の印象がとても強い。山口さんは2年ほど勤めた後で、親元である新潟に帰ることとなったのだ。当時はニュー新橋ビルに全国商工会連合会の事務所があって、私の事務所にいい人がいないかという話があった。商工会に入れば、独立開業した後の将来的なクライアントの開拓にもつながるのではないかと思い、山口さんに勧めてみた。しかし独立するとなると、まだまだ経験しておいてほしいことも多かったので、ある相続税の案件を一緒に手掛けたことがあった。

ひとりっ子だったもので親がそろそろ帰ってこいと、2年で新潟に帰ることになった。「山口さんはまだ相続税の申告をしたことがないから独立した後困るだろう」ということで、横浜の顧問先の相続案件の補助者に指名していただいた。その方の被相続人が所有していた土地が新潟市の中心部にあり、新潟駅から自分の土地だけを通ってその土地にいけるほどの大地主だった。貨物の引き込み線のレールがある土地など、相続税評価に際して悩むべき事象が盛りだくさんだった。先生とタクシーで1泊2日の現地調査を行って、私だけでは絶対に面会できないような偉い方とも名刺交換をさせていただいたうえ、「この人（私）を大事にするんだよ」とまでお口添えしていただいた。相続税務は今も年間15～20件ほど担当しているが、この経験が基礎になっている。ちなみに、明治から続く老舗のイタリア軒で、先生とツインで泊まった。食事の時などにホテルマナーがわからず、まごまごしていたが、先生を真似て乗り切った。税務だけではなく、大人の心得も教わった。（山口さん）

税務調査への対応

私は税務調査官に「お願いします」とは絶対に言わない。調査官が何をみるのか、どんなことを話すのか、その行動を観察している。立会いをしていると、寅さん映画の「タコ社長」のように現実の音にしか耳を傾けない調査官をみかけることがある。人間の感情をピアノの鍵盤にたとえたとき、鍵盤の数を多く持ったほうが豊かな人生を送れる。幻想の世界の鍵盤をたくさん持つ「寅さん」に、観る人は共感し、笑い、心をわしづかみされる。現実の音＝狭い税の世界の音だけにとらわれていてはいけない。

税には必ず人間模様が現れる。だからこそ人間の感性から税をみつめることが大切である。調査の立会いにはそんな姿勢が最も大切なのかもしれない。小池さん、山口さんをはじめ、職員にはそうした思いが引き継がれている。

顧問先の税務調査への立会いは、担当する職員だけではなく先生も必ず同行していた。税務調査官の質問の目的は何か。税務調査官が何のために証憑書類を確認しているのか。なぜに税務調査対象期の翌期（進行期）の資料も確認するのかといった税務調査のイロハについて教示いただき、またそれに対して調査の受け手がどういう対応をすべきかという点も学ばせていただいた。

また、自分が法律であるがごとく強権的な態度をとる調査官の疑義事項の指摘については、その取引の背景や状況を根気よく冷静に説明し、その取扱いのベースとなった根拠条文、解釈通達等を示したうえで理解をしてもらうように対応されていたことも印象深い。

今でこそ、インターネットで国税庁の質疑応答事例などの参考情報を収集することができるが、我々が事務所の職員として勤務していた昭和50年代はそのような情報はなかった。税務解釈をしようとする税務事例について、書籍（事例集）を調べて似たような事案を探していたが、ピタリと当てはまる税務事例は少なかった。しかし、過去の事例に安易に当てはめようとする姿勢を先生は気に食わなかったようで、よくお叱りを受けた。法人や個人の行う取引は複雑で生きており、時代とともに変化している。このようなことが背景にある取引の事実関係を踏まえ、根拠条文等のどの規定が適用されるのか。また、直接適用される根拠条文等がなければ、関連する根拠条文等の趣旨解釈をして税務事例の結論を出すべきと教わった。

私も、（自らの事務所の）職員に対して、税務事例を検討する場合は、公表されている情報の中には陳腐化しているものもあるので、インターネット等の情報に頼るのではなく、適用すべき根拠条文等を参考にして、自分が納得できる合理的な解釈をして結論を出すべきであるとアドバイスしている。（小池さん）

税務調査に同行させていただいたときに、疑問に思ったことを質問しても、必ずストレートには返ってこない。比喩で返ってくる。それが尾を引いて何日も考える。とんちの聞いたユーモアのある回答で、自分のアタマで考えさせるように促しているのだ。法律にせよ判例にせよ、文字をそのまま受け取るのではなく、趣旨を理解して咀嚼することの重要性を教えてくださった。

（山口さん）

両人とも私を持ち上げてくれているが、大切なことは、まず商売（取引）をよく知っておくこと、それに適用される税法条文、関係する判例等を理解しておくこと、そうした取引に対する課税関係を極めて冷静に調査官に説明することである。感情的にぶつかってもしようがない。調査官はビジネスをやっていないから、取引の細かな事情を丁寧に説明すべきである。どうしても岡っ引きのような調査官が出てきたならば、毅然と根拠の提示を求めるべきである。しっかりとした理屈に基づく紳士的な応対を行っていれば、自ずと相互に尊重し合える信頼関係を構築することができるはずだ。

杓子定規に税務事例を当てはめるのではなく、人の心の機微や商売の背景まで読み取る必要があるという意味では、税務は若さよりは経験豊富な「中年の科学」とも言えるかもしれない。もっとも単に歳を重ねればよいというものでもないが。

事務所ののれん分け

事務所OBの佐藤宏二さん（昭和50（1975）年8月（実働は51年8月から）から54年12月まで勤務）が入所する際に、事務所の事情で1年待てるのならという条件付きで採用するといった話があった。佐藤さんは前職の銀行を辞める際に非常に苦労した経験があったようだ。1年待つという条件をのむ代わりに佐藤さんが言ったのは「辞める時は快く辞めさせてほしい」ということだった。私はその約束を守った。佐藤さんはそのことを今も律義に感謝してくれている。

佐藤さんは、「独立以前に、税経学院や中経学院、東京商科学院といった学校に講師として紹介していただき、それがかなりの食い扶持になった。また、独立する際も当時いただいていた給料分くらいの顧問報酬を得られるように、顧問先をのれん分けしていただいた。これが何とか1人でも食べていけるようになるための土台になった。山本先生なくして私の開業はあり得なかった。」と言う。

昭和50年代の後半から、税理士の資格を取った事務所の職員が徐々に独立することになった。職員の独立に際してその職員が普段接触している顧問先の顧問契約移行、いわゆる「のれん分け」を行うようになった。

私としては独立していく職員に顧問先を分けて業界の発展に貢献していくことは当たり前だと思っていた。小池さんは「当時この『のれん分け』というのは、税理士業界ではほとんど行われていなかったので、大変有難かった」、山口さんも「職員を自分の身を削りながら育てていた。」などと言ってくれるが、何もそんな大層なことではない。

ただ、現実には、(顧問先を) とった、とられた、ともめることもあると聞く。職員は家族のようなもの。顧問先をめぐってそのようにもめるのは当人にとっても顧問先にとっても非常に不幸なことだと思う。

■だんらん会

山本事務所には、「だんらん会」という会費制の組織があった。事務所のお客さん (顧問先) が主な会員で、事務所との深いつながり・顧問先同士の親睦・異業種交流等を目的とした会だった。新年会等のほか、年1回1泊でバス旅行に出かけた。参加者は顧問先の代表者がほとんどで、会の設立当初から事務所と顧問先 (代表者) との関係を密にしようと努めていた。このだんらん会の行事には、もちろん事務所の職員も参加する。宴席のお開きは、必ず会員が手をつなぎ、輪になって「東京音頭」を唄って会場を回った。皆笑顔になって、1つになっていると思う瞬間

だった。（小池さん）

昭和55（1980）年3月の税制改正でグリーン・カード（少額貯蓄等利用者カード）制度が導入された。今でいうマイナンバー制度のようなものである。「だんらん会」の旅行で、このグリーン・カード制度を題材に温泉宿研修をやろうということで、一生懸命準備していた。しかし、この制度には批判が多く、実施前に（導入の延期を経て昭和60（1985）年に）廃止となってしまった。（山口さん）

富裕層に偏る利子・株式譲渡益（金融所得）について、すべての所得を合算して応能負担に基づく総合課税を行うのではなく、低率の分離課税を行うことは、古くから所得課税における不公平税制と悪名高かった。しかし総合課税は、所得の把握体制の不備を理由に、その実施が不可能だとされてきた。この所得把握に資する本人確認のためにグリーン・カード制度の導入が図られたわけで、「だんらん会」の研修内容として、もってこいのテーマだった。

だが、プライバシーの侵害、金融資産が把握されるという理由で政財界から猛反発があり、導入されないまま廃止された。表面では税の公平を叫びながら、金融資産を明らかにしたくない層が日本の政治を支配していたからである。

その後も、この所得把握の問題については、納税者番号制度（共通番号制度）として検討が続けられてきたが、マイナンバー制度が導入されたのは平成27（2015）年である。30年もの間、議論が進展することはなかった。

いずれにせよ、「この制度であなたの税負担額がいくら安くなります」といった表層的なことだけではなく、こうした税の本質的な問題について、私と職員、顧問先の面々としっかりと議論することが大切なのではないかと思う。これもまた、申告納税制度を支える税理士の役割だろう。

隠れタバコ

こうして振り返ってみると、各地に受験指導や研修講師として飛び回り、家も事務所も留守にすることが多かった。事務所のことにいつも目を配ってくれたのは妻であり、妻が職員たちの上司でもあった。新人職員に経理全般の仕事を教えていたのも妻であり、細かいことはすべて妻が決めていた。そういうこともあって、余計に家族ぐるみの事務所経営になっていたのかもしれない。私の健康管理やスケジュール管理もすべて妻が行ってくれた。

健康管理と言えば、当時、私の隠れタバコは有名だった。3回目の脳梗塞で禁煙を余儀なくされていたのだ。同じ税理士の岩下忠吾さんのような真面目で妻も信頼する人にタバコを預けておくのだ。まさかそんな人が私の隠れタバコに協力しているわけはないと思うからバレない、というわけだ。当時、妻は事務所から家に帰る時には必ず電話してくれた。そこで私は隠れタバコを処理するのだが、本当はすべてバレていてわざわざ電話までして時間を作ってくれていたのだ。

そんな茶番を「先生が隠れてタバコを吸われている、奥様はそれを承知している。わかっていながら黙っていて管理をする。これはなかなかできるものではないのではないか。」と山口さんは話すが、本当にそう思う。全く管理されていなかったら、おそらく昔のようにヘビースモーカーに戻ってしまう。しかし、1本も吸えなかったら、参ってしまう。うまいこと、ガス抜きになっていたのだろう。

いつも新幹線の切符を買うのは妻なので禁煙席となってしまう。実際に乗車する時に、自分で喫煙席に切り替えるのだ。ところがある時、妻が忘れ物を届けに来てしまった。当然私は買ったはずの席にいない。勘のよい妻は、私がタバコを吸っているところにくるのだ。私はもう観念して、タバコとライターを差し出す。妻が降りていくと、一部始終をみていた車掌さんが「大変でしたね、みつかって。一服いかがですか。」とタバコを差し出してくれた。今では考えられないような話だが、本当にいい時代だった。

取り留めもない思い出話になってしまったが、何といってもパートナーを大切にすること。そして健康には十分気をつけること。このあたりを強調しておきたい。

6 ベストセラー作家──消費税導入物語

付加価値税の検討が始まるまで

平成から令和になる頃に、「平成」はどういう時代だったのかということが話題になった。夫婦でNHKの7時のニュースをみていたら「平成で活躍した人」として私の名前がテレビ越しに映った。その後、テレビをみていた知人から続々と連絡が入った。今でもNHKがWEB配信している「平成の30年間 書籍ベストセラーから見えるものは」という特集記事の中で私の名前をみることができる。日本実業出版社から出した『消費税 実務と対策はこうする』が平成元年の年間ベストセラー（ノンフィクション）の第2位にランクインしているのだ（「日本出版販売」調べ）。

当時は、出版社から、増刷の電話が頻繁にかかってきて、1本の電話で振り込まれる印税の額にとても驚いた記憶がある。売上税、消費税に関しては、これ以外にも何冊か出版したが、今では考えられないほどの売れ方をしていた。そうしたことからも「消費税」が持つ重みがわかる。

消費税は「平成」に導入されたが、こうした大型間接税の導入を検討すること自体はすでに「昭和」（1950年代以降）にも言及されていた。例えば、昭和41（1966）年12月の「長期税制のあり方についての中間答申」では、「当面一般売上税の創設は予定しない」などとして、個別消費税を主とした間接税制が堅持されていたのである。

その後、昭和43（1968）年7月の「長期税制のあり方についての答申」では、「一般売上税又は付加価値税の創設の可否について検討する必要がある」とされ、さらに、昭和46（1971）年8月の「長期税制のあり方についての答申」では、次のように書かれている（強調筆者）。

「現在の物品及びサービスに対する個別消費税に代えて一般消費税を導入することの可否を判断するのに必要な問題点の整理、検討を進めるべきである」

「我が国の経済や取引の実態等に合致するような付加価値税の仕組みや、これを導入することに伴う税負担の姿についての基本的な考え方を組み立て、今後における税制のあり方との関連で、付加価値税の問題をどのように考えるかの手がかりを示す必要がある」

付加価値税（一般消費税）導入へと大きく舵を切っていることがわかる。

当時、「税金とり（税務署員）の税法知らずをなくそう」といった掛け声のもとで税制研究運動（税研運動）というものが税務署員の中から起こっており、たびたび泊まり込みの集会が開催されていた。ある箱根での集会（昭和47（1972）年1月）で経済評論家の谷山治雄氏の付加価値税に関する話を聞いた。谷山氏はヨーロッパを回って納税者の立場から税制を鋭く把握されていたのだ。そうした研究の姿勢に刺激を受けたことが、私の35年にもわたる海外視察活動にもつながっているのかもしれない。

当時の私の日記を見返してみると、『『税金とりの税金知らずをなくそう』と始めた税研であるのに現役が付加価値税に全く不勉強である」などとやけに真面目なことを書き綴っている。ただ、そのすぐ後には「今日も泊まるつもりでいたが昨日の電話で子供たちがさびしがっていることを知り、夜エスケープして家へ帰る。寝ていた裕之（注：長男）が『パパ！』と起きてきて『温泉まんじゅう』をほおばる。帰って来てよかった」と父親の顔になる。

仕事、税制への探求心は尽きることがない。しかし、「よきパパであることと仕事をきっちりと処理することは両立がむづかしい。自由職業人であり責任ある身とすれば、仕事は仕事とわり切ることが望ましい。理くつはわかるがやはり『7時までに帰って』の子供の声には弱い。

これから3月までが思いやられる」とも書いてあった。共働きが当たり前のようになった現代においてパパ・ママの悩みはさらに深まるばかりだ。

■国債依存度の高まりと一般消費税構想

私の子育て論はさておき、その後の紆余曲折を経て平成元年から消費税が導入されることとなる。その経緯はよく知られているとおりだ。といっても、もはや30年以上も前のこと。ご存じでない方のためにざっと振り返っておこう。

まず、冒頭にも述べたとおり、戦後わが国の間接税は、昭和23（1948）年の取引高税（国民の強い反発により翌24年には廃止）を除けば、主にぜいたく品に課される物品税のような個別間接税が中心となっていた。ただし、この個別間接税は「ぜいたく税」とでもいうべきもので、シャウプ勧告以来、わが国では、所得課税（所得税・法人税）が基幹税と位置づけられていたのである。

しかし、高度経済成長も終わりを迎えた昭和40年代後半に、変動相場制への移行、ニクソン・ショック、第1次石油危機などが相次ぎ、景気が冷え込む。これに対応すべく政府は、積極的な財政政策を行った。その結果、国債依存度が高まり、財政赤字が拡大していく。こうなると、所得課税をさらに重課していくか、新たな財源を探すしかない。

国債依存度の推移をみてみると、昭和40（1965）年が5・2％で、翌41年と42年は14・9％、13・9％とぐんと跳ね上がる。43～45年は5～8％に抑えられているが、税制調査会が付加価値税導入へと舵を切った46年は12・4％と再び2桁に逆戻りし、以降は上昇傾向が続く（ちなみに令和元（2019）年は35・4％、令和2（2020）年はコロナ禍もあり56・3％になる見込みだ）。

大蔵省では早くからこの財政上の問題を意識し、欧州への調査を行っていた。そこで新たな財源として注目したのが「付加価値税」だったのだ。それが前述の「長期税制のあり方についての答申」などにもつながっている。これを「一般消費税構想」として掲げたのが、大蔵省出身の大平正芳首相であり、昭和53（1978）年12月の『昭和54年度の税制改正に関する答申』「一般消費税大綱」において「昭和54年中に諸般の準備を行い、昭和55年から別紙の大綱に基づく一般消費税を実施すべきである」としたのである。しかし、そう甘くはない。増税反対キャンペーンが各方面から巻き起こったのである。

結局、一般消費税構想は潰えてしまったが、ここでは、一般消費税構想うんぬんよりも、大平首相が（自身が大蔵大臣在任時に始めた）赤字国債というものに対して非常に問題意識を持っていたことを強調しておきたい。

本来、赤字国債は、財政法上、原則禁止されている特例公債である。この財政法の特例法として特例公債法があり、そこで赤字国債が認められることになる。この法案は赤字国債の発行が続く間は毎年提出し国会審議が必要という建てつけになっている。実は、こういう一見面倒な建てつけにしたのは大平首相（ただし、大蔵大臣在任時）であり、それは、国民の同意を毎年得るべきであるという考えからくるものであった。そして、「子孫に膨大な負担を残してはいけない」という思いがあった。

大平首相の思いとは裏腹にというべきであろうか。一度は赤字国債から脱却できた時期もあったものの、少子高齢化による社会保障費は膨らみ続け、令和２（２０２０）年には25・4兆円もの赤字国債を発行した。その後さらにコロナ対策のために補正予算を成立させ、まさに借金だらけの財政になっている。この補正予算を細かく分析して、私は『法人税の理論と実務（令和2年度版）』（中央経済社）の序文の中で次のように述べた。

「（これらの予算は）本当に困っている人に細かく配慮した生きるための金とは言えない。政府は世界にもない助成になっているというが、どうであろうか。本来は、赤字国債を消化するために税法を改正し、高額所得者にこれを負担させるように公平な税制にすべきである。早急に「公平な税制改正」が求められている。これがコロナ後に考えなければならない日本の財政である。」

売上税法案廃案からの消費税法案成立

さて、一般消費税の失敗に学び、「大型間接税は導入しない」という公約を掲げたのが中曽根康弘首相だ。ところが、昭和61（1986）年には政府税調が「抜本的税制改革」を答申、中曽根内閣は売上税法案を提出した（昭和62（1987）年2月）。当然公約違反だとの指摘が相次ぐ。

それに対して中曽根首相は「全体の87％に当たる年間売上高1億円以下の事業者は売上税を払わなくていいのだから、これは大型ではない」と反論した。とは言え、当時年商1億円以下の事業者の売上高はわずか8・7％で、90％以上の売上高に課税されるという現実をみると、説得力のない反論だった。売上税法案はあえなく廃案に追い込まれてしまった。

これを引き継いだ竹下内閣では、地方公聴会を

消費税導入時ではないが、衆議院第一委員会室にて、消費税法改正案について意見を述べた―平成２年６月

多数行い、できるだけ多くの意見を聴取した。そして、聴取した意見を踏まえて装いをあらたにした消費税法案を含む税制改革関連法案を昭和63（1988）年7月に提出した。リクルート事件によって国会運営は難航するも、法人税率引下げなどの減税と抱き合わせで強行し、12月に法案は成立し、消費税は平成元（1989）年4月より導入されることになったのである。

私はというと、この消費税導入をめぐる大混乱の中で、昭和62（1987）年に『これが売上税だ！』、63年に『これが消費税だ！』（ともに日本法令）、さらには冒頭の『消費税　実務と対策はこうする』（日本実業出版社）を出版し、一躍ベストセラー作家になってしまった。

7

海外視察
——世界の多様な現実からみた税のあり方

百聞は一見に如かず

前節で述べた付加価値税導入に際する出版や講演活動は、当然のことながら徹底した研究活動、とりわけ海外視察によって可能になった。この視察は、公的なもの、私的なものをあわせると、昭和58（1983）年から平成28（2016）年まで30年以上行った。

消費税導入の前年、昭和63（1988）年当時は消費税論議が白熱化し、累積課税排除のために書類控除方式と帳簿控除方式のどちらがよいのかという議論が行われていた。すでにヨーロッパ諸国では付加価値税が広く採用されていたため、現地に行って付加価値税の実務の勘所を把握するという目的で、研修視察が税務研究会により企画された。「主要ＥＣ諸国（西ドイツ・フランス・ベルギー・英国）における付加価値税実態調査団」（団長：吉牟田勲氏（当時日本大学教授））を公募し、実際に7月2日から14日まで現地の法人や会計事務所を訪問した。

実は団体でＥＣ諸国を訪問したところで、付加価値税の勉強なぞできるものではない、本当に勉強したいのなら、個人で出かけるべきではないか、というのが私のかねてからの持論だった。現に、昭和62（１９８７）年の売上税の時は単身渡仏し、現地の監査法人、企業経営者、経理担当者と討論していたのだ。そんな私が上述の視察団の副団長を引き受けたのは、何といっても、ＥＣ共同体事務局（ブリュッセル）を訪問できるからであった。個人の力では絶対に入り込めないのだ。

さらに、さかのぼること4年、昭和58（１９８３）年に家族でヨーロッパ6か国をめぐるツアー旅行に出かけた。その途中、私たち夫婦だけがツアーから外れてフランスに入り、知り合いの紹介でいくつかの会計事務所を視察し、現地の実務に関する聴取調査を行った。その際に出会ったのが、当時ピート・マーウイック・ミッチェル会計士事務所提携の、オディコンチネンタルという監査法人で働いていた鈴木正司さんであった（のちにフランス会計士資格を取得）。日本におけるフランス会計士のパイオニアである。先ほども述べたとおり、昭和62（１９８７）年、売上税導入が議論になると、2月に渡仏し、やはり現地の監査法人、企業経営者、経理担当者を訪問し、付加価値税の疑問点をぶつけた。

鈴木さんとは、妻・美枝子の友人のつてで知り合うことができた。滞在していたオペラ座の近くのホテルで小さな会議室を借りて、そこで話をした。付加価値税について、役所の資料をはじめとするさまざまな文献を渉猟してはいたが、百聞は一見に如《し》かず。付加価値税が生まれたフランスで、実務を経験している人の話を聞きたい。現地ではどのように制度が動いているのか、実務を知りたいと思ったのである。実務を知らずに、やはり本は書けない。

当時の私の様子を知る鈴木さんは、「法案が決まったら即出版しようという意気込みが感じられた」という。付加価値税の根本的な考えの部分で間違ってしまうと、その導入実務はもちろんのこと、導入すべきかどうかの議論もまともにできなくなる。新しい税の仕組みを正しく伝えることも税理士の重要な役割である。

お腹の中に入ったら課税

鈴木さんの紹介でパリ郊外のボルグワーナー社というケミカル会社を訪問した時の話だ。ヨーロッパの会議で出されるミネラル・ウォーターはたいていがガス入りで日本人の口にはあまり合わないものだが、この会社で出された水は立山の自然水よりもうまかったのだ。同社の工場長が「おいしいでしょう。当社の製品です」と片目をつぶって親指を立てた。聞いてみる

パリ、ル・グランにて（右から坂内直治氏、多田雄司氏、鈴木正司氏、岩下忠吾氏、筆者）—平成13年7月

と、製品製造の副産物として飲料水ができるが、一般に売り出すほどの量ではないので、企業内の福利厚生委員会に販売し、従業員が家庭で飲んでいるという。

そこで調査団はこの飲料水が付加価値税の課税対象となるのかどうかを尋ねてみたのだ。すぐさま課税対象となるという返事をもらったが、それじゃあ会社の会議など業務用に使った場合についてはどうなるのかとさらに聞いたのだ。相手は何で当たり前のことを聞くのかという表情で、税額控除はできないと言う。視察団は、副産物は課税売上であるが、これを業務用に使用したのだから仕入税額控除の対象となり、結果的には付加価値税は課税されないのではないかと考えていたため、混乱している。工場長はその飲料水が「お腹の中に入ってしまったでしょう」とその理由を説明したのだ。

わが国消費税では、事業用消費はたとえ最終消費であっても仕入税額控除の対象となり、企業は自己の最終消費に係る消費税を負担しないが（消費税を負担するのは「最終消費者」）、これは純粋な意味の付加価値税ではない。視察団は食い下がって聞いていたが、「最終消費をする以上は企業であれ個人であれ税を負担するのは当然」と言わんばかりのこの説明に納得するほかなかった。[*1]

トコトン争うフランス人

フランスで生まれた付加価値税ではあるが、経済の統合によりＥＵ（ＥＣ）の税制へと変わっていく。ただ、ＥＵ全体でやるからにはバラバラな制度を各国共通の整合的なものへと統一しなければならない。そこで、過去のしがらみがないかたちで付加価値税が調和化されていった。しかし、ＥＵの規則として制度が統一されても、施行・執行の仕方が問題として残っ

＊1　詳細は、拙稿「付加価値税は誰が負担すべきか」『税務弘報』１９９６年2月1日号（第44巻第2号）１００～１０１頁を参照。

た。具体的には、ＥＵ法と整合していないような政府レベルの規則（例外規定）が残っていた。

例えば、ＥＣ（ＥＵ）第６次指令では、課税される取引に必要とされた財・サービスに課されている付加価値税は控除できる（第17条－２）とされていたが、第６次指令発効前に各国で適用されていた控除原則の例外規定は当分の間認める（第17条－６）という規定もあった。

実際に、フランスでは次のような例外規定が存在していた。

①　経営者や従業員の住居と宿泊費に課されている付加価値税の控除は認めない（第236条）

②　接待、レストラン、観劇などの費用に課されている付加価値税は、その費用が個人的な側面を持つ場合は控除を認めない（第239条）

つまり、①の宿泊費は事業関連性のあるなしにかかわらずすべて控除否認で、②の接待費用等は事業関連性のないものだけが控除できないというのである。しかし、現実の税務執行では、②の接待費用等について事業関連性があるかどうかを調査官が判別することが困難であるという理由で、これらの費用等の仕入税額控除を否認していたのだ。

こんな執行はおかしいと納税者が訴え、フランス行政最高裁判所は企業活動のための接待費用は仕入税額控除の対象とすべきであると判決（１９７９年11月６日）を下したのである。ただ、フランス政府は引き下がらず法令を改正するという強硬手段に出る。そこで納税者も再び訴訟に出て…ということが幾度となく、それもＥＵ閣僚理事会やＥＵ裁判所も巻き込んで繰り返されているのだ。*2

このように納税者の権利を主張し、国ともトコトン争っているフランスの例をみて、やはり、日本の納税者やそれを支える税理士も、通達に頭を下げて、税務署の言いなりになって、まるく税務調査をおさめてというのではなく、争うべきことは争い、しっかりと納税者の権利を守り、訴訟で勝って制度やその執行を正していくことが大切であるということを感じた。そして、日本でも必ずそうした時代がやってくると思った。

その一方で、税制は文化であるとも感じざるを得なかった。だからこそ、それぞれの国の文化に支えられた税制を知りたいと思ったのだ。これだけグローバルになった経済・社会である。グローバルスタンダードで制度の統一が進んでいく。しかし、制度は統一できても、人や（人の営みから生まれる）文化の「多様性」を変えることはできない。だからこそ、その場所、その時代に合った制度執行のあり方が大切になってくる。

まずは「多様性」の現実を自分の目でみて確かめることが必要だろう。そして、なぜ違うのかを討議することも必要になる。こうした思いが税制視察の原動力になり、視察で得た知見が自らの感性をも育んでくれたように思う。

＊2　詳細は、拙稿「フランス人の心意気に学ぼう」『税務弘報』２００２年11月１日号（第50巻第13号）１００～１０１頁）。

8　守之会——租税における民主主義を体現する

東京税理士会には日本税務会計学会という、昭和38（1963）年に発足した研究組織がある。私は、平成3（1991）年の6月から平成19（2007）年6月まで16年間、8期（2年で1期）にわたって学会長（第7代）を務めた。その後は、故平川忠雄氏、多田雄司氏、そして藤曲武美氏へとバトンが引き継がれている。現会長の藤曲さんと私の出会いは「守之会」という私的な研究会であった。この節では、藤曲さんと守之会について振り返ってみたい。

平成2（1990）年に日本税務研究センター（日税研）主催の法人税ゼミナールが開催され、私は講師として呼ばれた。半年ほどのゼミナールであったが、その打上げの席で「このまま終わりにするのはもったいない、有志で勉強会を続けていかないか」と垂井英夫氏（税理士、甲南大学・前大学院社会科学研究科教授）が呼び掛けられて、それに応じたメンバーが集まった。これが守之会の始まりである。実際の活動は平成3（1991）年から始まり、当初は40名ほど（ゼミナールの参加者は100名程度）が集まり月1回（午後1時から5時まで）、裁判例や裁決例の研究を、当時は田町にあった日税研の会議室で行った。

ちなみに、日税研では、当時もう1つ租税法のゼミナールも開催されていた。その講師が金子宏東京大学教授（当時（現在は同名誉教授））であった。こちらのゼミナールもまた、垂井氏の呼び掛けで勉強会が始まり、長く活動を続けられているそうだ。

最初の論文集をまとめたのが平成4（1992）年で、令和2（2020）年の12月で24号になる。令和3（2021）年で守之会は創設30周年となるが、ところどころ抜けはあるものの、だいたい年に1冊ずつ論文集をまとめてきたということになる。

税務上の不確定概念を議論する

この論文集とは別に、出版社からいくつか本も出版してきた。だいたいは出版社から依頼があって、会として取り組めるかどうかを確認して、できるだけ全員参加で、ものによっては有志で出版している。その1つが、『検証　税法上の不確定概念』（2000年、中央経済社）だった。

実は山本先生に『不確定概念』をテーマとして与えられた時に当時代表だった川口浩先生をは

じめ会員の皆は、1年も勉強すれば書けるだろうと簡単に考えていたが、甘かった。1年経っても2年経っても全くまとまらなかった。山本先生からも論評してもらう機会があったが、「もっと勉強しないとダメだ」と厳しい一言。3年もかかってこれで良いというものではなかったけれども、このまま続けてもいつまでかかるか、それこそ不確定だったため、出版に踏み切ったのだ。この本では、不確定概念の用語を、法律、通達も含めて手分けして拾い出すといった基礎作業も行い、時間をかけて作り上げていった。(藤曲さん)

「不確定概念」というテーマをなぜ選んだのか。そもそも不確定ではない概念については、議論してもあまり意味がない。じゃあ不確定な概念はどうだろうか。例えば「相当な期間」という言葉があるが、役所の解説には「3年ないし5年をいう」などと書かれている。でも、守之会では「はいそうですか、3年ですか」とはならない。守之会の顔ぶれをみると、だいたいみんな一家言を持っている者ばかり。そこで、本当に3年経たないとダメなのかといった本質的な議論をするのだ。その意味で、実は議論をしてもまとまりっこないのだ。だからこそ面白い。

不確定概念をちゃんと掘り下げていこうとすると、すでに公表されている役所の解説をみればわかるような内容ではないことがわかる。そもそも役所はなぜ3年、5年という数字を出しているのか。それを唯一解と捉えず、取引の実態や内容を踏まえてどれくらいの期間が相当となりうるのかを考えなくてはいけない。そもそも期間が一律に決められるものではないから

「相当な期間」とされているのである。そうでなければ初めから3年から5年と書けばいい。なぜ不確定な言葉が使われているのかという意味を考える必要がある。

不確定な部分がどういう幅になるかについて、法律や通達の趣旨といったことだけではなくて、実務のさまざまな状況、現実の取引を想定して議論すると、それこそいろいろな意見が出てきて面白い。だんだんとその意見が収斂していく過程も面白いのだ。ある意味では不確定なものを確定させてくれたほうが、そのようなバラバラの「意見」が出てくることはなく楽である。3年以内とか5年以内とか決めてくれたほうが迷わなくて済む。実際、すべての規定で「相当な期間」などと言われたんじゃ実務家はたまったもんじゃない。結局、正当な理由、やむを得ない事情、著しく不適当、必要があるとき、専ら、不当に減少、など不確定概念はいろいろあるが、不確定な概念として書かざるを得ないところに一番の要点がある。そこをどれだけ掘り下げて研究できるかが大切だと思う。

憎むべき狂気は…あるべき姿のために戦わないことだ

2代目松本白鸚の「ラ・マンチャの男」（1969年初演、60歳の時に千回上演）というミュージカルがある。松本が演ずるのはスペインの詩人セルバンテス。教会侮辱罪で投獄され、獄中裁判を受けるが、そこで申し開きのためドン・キホーテの即興劇を繰り広げて行く。この中で松本演じるセルバンテス（キホーテ）はこう言う。

「本当の狂気とはなんだ。夢に溺れて現実を見ないものも狂気かもしれない、また現実のみを追って夢を持たないものも狂気だ。しかし、人間として一番憎むべき狂気とは、あるがままの人生にただ折り合いをつけてあるべき姿のために戦わないことだ」

このセリフのところに差し掛かると、松本白鸚の声がうんと大きくなる。ああこれが言いたいことなんだとわかる。それは税理士として私が大切にしてきた考え方でもある。そうした考え方はこの守之会においても共有されているように思う。私の言うことにすべて賛成するような者たちではない。各々が自らの信ずるところに従って意見し、行動しているのだ。

守之会という会の名前にもあるように、会員は、先生のお考えを受け継いでいきたいと考えている。ただ、受け継ぐといっても、先生がおっしゃっていることがすべて正しいなどと思っているわけではない。みんなへそ曲がりで素直に「はい」などとは言わない。先生が説く自由職業人たる所以だ。でも心の底では核心的な部分で共鳴していて、だからこそ30年も続いているのだろう。

（藤曲さん）

物理学者の江崎玲於奈氏が日本経済新聞（2007年1月1日朝刊）の「私の履歴書」で〈ノーベル賞をとるために、してはいけない五カ条〉を紹介しているが、その中に「教えはいくら受けても結構ですが、大先生にのめりこんではいけません（中略）自分の創造力も委縮します」「自分の主張をつらぬくためには戦うことを避けてはいけません」といった言葉がある。人の数だけ意見があるのだ。それを無理に型に押し込めようとするのではなく、多様な音を楽しむこと、これが守之会の醍醐味だと考えている。

税理士は学者ではない

山本先生は、学者じゃないんだから、学者の真似事をしても始まらないとよくおっしゃる。では、実務家でしかなし得ないこととは何かというと、それは「取引の真実」を考えることである。論文集の序文は毎回山本先生がご執筆されているが、そうした先生の考えが書かれている。最近は、税理士も大学院に行くようになり、余計にそういう学者の真似事が散見される。確かに、学者の理論に触れると非常に新鮮で、立派なものに思えることもあるだろう。しかし、税務はきれいごとではないから、学者もどきになって考えても解決できない問題が出てくる。実務家としてどのように租税法に向き合って行くのか、これは守之会の永遠のテーマだ。取引の真実をみつめ

て理にかなった税制をどう考えて行くのか。（藤曲さん）

私は平成4（1992）年の守之会論文集第1号の序文にこんなことを書いた。

「ともすれば、税制とそのあり方を考えるのは学者の世界、税の実務は税理士の分野と区分され勝ちであるが、このような区分で研究を続ける限り、税制と企業の取引実態はますます乖離してしまう。

企業取引の背景を最もよく知っているのは税理士であり、その税理士が肌で感じ取った経済取引から税制や税務行政はいかにあるべきかを発言するようになったとき、はじめて租税における民主主義が実現するのである。」

学者のように、理論から現実を説明しようとしてはいけない。餅は餅屋である。それは学者にお任せしたほうがよい。実務家は、自分の感性から出発して、現実を捉える。結果として理論と整合することもあるかもしれない。この感性をいかに育むか。江崎氏は「子供のようなあくなき好奇心と初々しい感性を失ってはいけません」と説くのだ。

■取引にも、税法にも、すべての背後に人間がいる

通達を単なる1つの文章とみていてはわからない、通達のどこかを切れば血が吹き出してくる。もちろん、通達集をはさみで切ると血が出てくると言っているわけではない。通達のできる背景にはさまざまな経済的取引があって、納税者・課税庁の切った張ったがある。そういう人間の営みを想像して通達をみていかないと真に何を言わんとしているのかを読み取ることはできない。

税を考えるその根本にも、人それぞれのいろいろなものの見方、人生観、例えば真実というものをどう考えるのか、といった問題がある。税理士が税制をどう考えるか、取引の実態をどうみるか、というところには、必ずその人の価値観や人間性が表れてくる。それをいかに掘り下げて捉えていくのか。

とは言え、実際の実務では、適当なところで終わらせてしまうことも多く、それで済んでしまうのも事実である。しかしそれで済まないときにこそ、専門家としての真価が問われることになる。勉強会が終わって居酒屋で一杯やっていて、はっと気がつくことがある。

守之会のメンバーは都内に限らず、名古屋や北陸、大阪、東北から参加されている方がいる。

しかもそれが1回や2回の期間限定的な活動ではない、単に知識を得るためだけに続くわけがない。議論の中で腹の中でまとまってきて気づきの場になる。

山本先生の考え方の背後には人間主義がある。少し大げさかもしれないが、僕はこれを「租税法におけるヒューマニズム（人間主義）」だと思っている。経済取引の中にも、必ず、その取引を行っている人間を置いて考えていくことが重要だと思う。そしてその取引の実態、真実を見極める感覚、感性の重要性を山本先生から学んだと思っている。結局、人間をどう捉えて、どうあるべきかを考えていくのが大事なのだと思う。税制、税法を考える場合もそれは必要であり、人間の営みからかけ離れたところの理論はない。なぜなら、税制も人間の制度に変わりはないからだ。実務家としての感覚、感性を重視し、その感覚、感性を出発点として物事を考えていくことの基礎には、人間主義があると考えている。こういうことを山本先生から学んだ。（藤曲さん）

前述（第2部5「山本守之税理士事務所——税務は「中年の科学」」）のように、寅さん映画で一番鍵盤の数が少ないのは現実の音にしか反応しないタコ社長。ところが寅さんは幽玄の世界に生きており、鍵盤の数が多い。いい絵をみて、いい音を聞いて感動する。そうした多彩な音色が楽しめるようになっていければよい。いや、そうした鍵盤を増やすために、いろいろな意見をぶつけ合うことができる場、それこそが守之会の存在意義なのだ。そして、多くの自由職業人たる税理士がそのような場を持ち、知識だけではなく、自らの感性を磨いていってほしい。

第3部

自由職業人の心得

人間の感性から税をみつめる

9 税理士とは何か

税理士の使命

税理士の使命は税理士法の第1条に書かれている。

ここでは（税理士の使命）として「税理士は、税務に関する専門家として、独立した公正な立場において、申告納税制度の理念にそつて、納税義務者の信頼にこたえ、租税に関する法令に規定された納税義務の適正な実現を図ることを使命とする。」とされている。

昭和55（1980）年の改正で現行法の文言になったが、それ以前は単に「中正な立場」と書かれていた。しかし、現在のように税務官庁が納税者に対して強大な権限を持っている限りは、「中正」という言葉がどうも税理士の立場を適正に示していないという批判があり、それにこたえる意味で、「税務に関する専門家として、独立した公正な立場」とされたのである。

これを、弁護士法と比べてみた場合、まだ、現行法でも問題があるように思う。弁護士は長年の歴史があり、格調高い使命が掲げられている。すなわち「基本的人権を擁護し、社会正義を実現することを使命とする」とされているのだ。

私個人のかくあるべしという考え方からすれば、「租税法律主義に基づいて納税者の権利を擁護し、租税正義を実現することを使命とする」とするほうが税理士の立場をすっきり表現しているのではないか。

ともすれば税理士は、当局の下請け的な、行政という枠の中に閉じ込められたような側面を持っているという誤解がある。「専門家として、独立した公正な立場」というのは、行政を適正に行うことを支えるという考え方からくるものだが、私は、むしろ租税法律主義は納税者の権利を擁護する側面を持っていると考えている。

「法律なければ課税なし」という大原則は罪刑法定主義とともに近代民主主義を支える規範となっており、それを前提として「租税正義を実現するということを使命とする」と書いたほうが本当はよいと思う。

しかし、財務省や国税庁はそういう言い方をすると嫌がるだろう。税理士は、規制緩和などの流れもあって独占権を失う可能性もあるし、ＡＩで代替されるなどの指摘もある。そのような追い込まれた立場からすると、むしろ「租税正義を実現するということを使命とする」と謳ったほうが、反発はあったとしても自由職業者らしいではないか。

とは言え、弁護士とは歴史的な経緯が全く異なるので、そういう側面が尾を引いて現行法のあいまいな規定が書かれたことは事実である。

税理士の成り立ち

昭和26（1951）年6月に税理士法が初めて作られた。

実は、明治45（1912）年に大阪府の府令で大阪税務代弁者取締規則というものが制定されており、それが税務代理制度の始まりとも考えられている。当時は日露戦争時の好景気で国中が沸いていた時期であったが、その頃の営業税は、戦費の調達など、わが国の財政事情から、相当重いものだった。

そうした中で、納税者側から自然発生的に税務代理を業とする者が出現し、どうも不当な報酬を要求するなど、問題を起こす者も現れた。そこで、大阪府の府令で、営業するならまず警察の免許を受けることや、報酬についても警察署の許可を得なければならないことが定められた。つまりは認可制ということになったわけである。要は、税務代理自体は自然発生的なものであったが、その内容はかなりいいかげんなものもあったので、「取り締まり」が必要になったということである。

税理士に関係する法令として次に特筆すべきは、昭和17（1942）年の税務代理士法だろう。この法律では、税務代理士になれるのは、弁護士、計理士、国税の事務の相当年数資格者とされており、ここに初めて税務代理について独占権を持つ資格が誕生した。税務代理士でない者が税務代理を行った場合は、懲役や罰金が科せられたのである。

しかし、税務代理士は、弁護士と計理士と国税の事務の経験者に与えられる資格であったため、資格を得るための国家試験というものがなかった。したがって、その資格の社会的地位はかなり低いものだった。

そして、戦後になって、申告納税制度が導入され、税制や税務行政が民主化された結果、試験制度、登録制度を取り入れた税理士法が昭和26（1951）年に誕生した。このような歴史の過程からみると、①警察の取り締まりの側面に端を発し、②試験制度のない税務代理士法を経て、③戦後の税理士法においてようやく試験制度に基づく国家資格が確立したというわけである。

このような背景もあって、冒頭述べたとおり、税理士の使命は「税理士は、税務に関する専門家として、独立した公正な立場において、申告納税制度の理念にそつて、納税義務者の信頼にこたえ、租税に関する法令に規定された納税義務の適正な実現を図ることを使命とする。」というように、「行政の中の一員」というような意味で位置づけられているという側面がある。

これに対して弁護士の場合は、先述のとおり、弁護士法の第1条を読むと、弁護士の使命として「（第1項）弁護士は、基本的人権を擁護し、社会正義を実現することを使命とする。（第2項）弁護士は、前項の使命に基き、誠実にその職務を行い、社会秩序の維持及び法律制度の改善に努力しなければならない。」とかなり高尚な文言が並んでいる。

さらに第2条は、弁護士の職責の根本基準として「弁護士は、常に、深い教養の保持と高い品性の陶やに努め、法令及び法律事務に精通しなければならない。」と述べられており、こうした記述は税理士法には見当たらない。

それは弁護士の持っている歴史との違いかもしれないが、いずれにせよ、今の税理士法と弁護士法は基本的にスタンスが違う。私自身は、どちらかというと弁護士法のスタンスに近づけないといけないと考えている。近づけるということは、要するに、国の強大な権力から納税者を守ることが重要になり、それはまさに租税法律主義を支えるということである。この租税法律主義こそ、罪刑法定主義と並んで近代民主主義の大きな柱になっているのだ。

民主主義国家に絶対に不可欠である「租税法律主義」を確立し擁護していく、そこに初めて租税正義が実現するという方向で税理士法が改正されれば、弁護士ほどではないとしても、やっと税理士が1人前になっていくのではないか。

法律家か、それとも会計人か

実は、私は、会計というものにはあまり興味がない。大学で教えていたのは、経済学部の「税務会計」ではなく、法学部の「租税法」だった。こんなことを言うと会計学者に怒られてしまうが、どのみち私は異端者であるから正直に言うと、税務会計という会計はこの世にないと思う。あるのは企業会計と租税法なのだ。当然、異論はあると思うし、税を語る場合に会計を除外できないことも事実である。ただ、私は租税法に注目したいと考えている。

この意味で、EU統合時のフランスでの議論は参考になるかもしれない。フランスでは税理士に似たものに、コンソールヒスカル（conseiller fiscal）という制度があった。この資格が、会計の専門家なのか法律の専門家なのかという議論があったのだ。日本の税理士が会計の専門家なのか、法律の専門家なのかという話と同じである（日本の税理士試験科目には財務諸表論も税法もあるので、その問いに答えるのは非常に難しいところである）。

結局、EUの統合に従ってフランスでは、アブカト（Avocat）という制度に統合し、法律家であるというような整理を行った。そのかわり、会計士のほうは、エキスパート・コンターブル（Experts-comptables）という資格を設け、税務代理をすることはできないということで割り切ったのだ。

税理士がいかにあるべきかという場合に、税理士が法律の専門家なのか、会計の専門家なのかという点はやはり議論があるところだ。私は、税理士は法律家であるべきだと考えているが、そもそも税理士は訴訟代理権を持っていない。弁護士はこの訴訟代理権を当然有しているものの、司法修習所へ行っても税法を学ぶことはほとんどない。そうすると、税法の「ぜ」の字も知らない人たちが弁護士や裁判官になるということになる。そのような人たちが税務訴訟の当事者になるのだ。

そうすると、じゃあ、裁判官はどうやって税務訴訟の判決を書けるのかという話になるが、いよいよわからなくなると、例えば、東京の地方裁判所に国税庁から出向していくのだ。その人たちにいろいろ相談しながら裁判官は判決を書くわけであるが、考えてみると、課税した側と納税者の間で訴訟を進めている中で、その判決文の書き手が、課税した側から出向している人に教わりながら書くといったら、どういう判決が出るかはわかりきったことである。

このような非常に歪んだ形の中に税理士も弁護士もあると考えるべきだと思う。もっとも最近では、かかる批判を意識して半数は国税庁からの出向者以外の税理士などを採用しているようだ。

現在の税制度の持っている問題点

税が持っている役割はいくつかある。1つ目は、財政収入を確保すること。これはどうしても外せないものだ。2つ目は、富の再分配。特に所得税などはこの機能を大きく有している。3つ目は、景気調整としての機能である。例えば、ビルト・イン・スタビライザーの場合もこれに当たる。4つ目が、保護関税の場合の国内産業の保護である。

こうした役割や機能といったものを税は有しているが、その中で税制に最も貫かれなければならない原則は「公平」ということになる。しかし、どちらかというと、最近の税制は景気対策のために使われている面が大きい。本来税の持っている「公平」が失われている状態である。例えば、預金の利子は約20%の源泉徴収ですべての課税関係は終わっているが、勤労所得は総合課税で最高税率が適用される。不公平である。

税制のあり方を検討する場合に、よく垂直的公平（経済力が高い人に大きな負担を求める）、水平的公平（同等の経済力を持つ人に等しい負担を求める）という議論がなされる。

水平的公平について当然だという税理士がいるが、水平的公平というものは、それを進めていけばいくほど所得の再分配効果にはあまり力を持たない。何でそれでいいのかというと、「日本という国は所得水準が非常に上がってきているから、所得格差もあまりなくなってきている。1億総中流で社会保障も充実している。したがって、税に富の再分配を期待する要素は非常に低くなっているから、広く薄く税を負担する税制でいいのだ」という論理で正当化されるのだ。そのような形での税制改正がどんどん行われている。

しかし、実際に所得が高くなって平準化しているかと言うと、必ずしもそうではない。非正規労働者層の増加に伴い低所得者層が増加している。また、東日本大震災で、いまだに仮設住宅に住まなければならないという人がいる。このコロナ禍で職を奪われた人がたくさんいる。まだまだ税に所得の再分配機能を期待しなければならない。そういうことを忘れて水平的公平と言っている。

水平的公平というのは、同じ水準にある者は同じ負担をしなければならないということだ。ただし、それは完全に総合課税が行われるという前提のもとで、はじめて成り立つものである。日本のように、資産性所得にたくさんの分離課税が適用されているような状況では、水平的公平は機能しなくなっており、そういうところを見落としてはいけない。

確かに税の景気調整（回復）機能は必要である。金持ちから取ればいいといった安直な考えで経済を低迷させてはいけない。しかし、「広く薄く」という方向の税負担についてはより一層慎重に検討することが必要であり、公平という側面に戻って税制を見直していかなければならない。

今、日本の税制は、消費税率を上げ、所得税の最高税率を下げて税率をフラット化し、課税最低限（課税される最低限の所得）も高過ぎるから下げようという流れの中にある。富の再分配機能に対しては、税制に期待される役割が小さくなっているという認識と、その認識からくる、広く薄く税を負担するという論理が当然のように主張されている。

税制の本来の機能に立ち戻って見直す必要があると思う。

学者か、それとも実務家か

私は自分のことを実務家だと思っており、決して学者だとは考えていない。確かに大学、大学院で講義をしていた。しかしこれは、学者としてではなくて、一実務家としてである。私が客員教授になっても専任教授には絶対にならないのは、そういう信念があったからである。

税が適用される取引、つまり実際に取引を行う法人というのは生き物であり、「有機的なもの」である。したがって、税法も生き物なのだ。だからこそ税法を読むときに注意したいのは、税法が生き物として呼吸している息遣いが税法の条文の中に隠されていることである。その息遣いを聴き取ることは、率直に言って、いわゆる学者では難しいと思う。実際の取引をしっかり把握している実務家であるからこそ、その息遣いも含めた真なる税法の解釈が可能なのだ。

したがって、税というのは人間の感性で解釈をするべきものである。税法を読んでいると、

「この野郎！」「何を言ってるんだ!!」と思うところがある。そのようなところと「まあしょうがないな」と思ったところでは、税法自体の呼吸が違う。税法条文は一見無機的に書いてあるようにみえるが、実は呼吸をしているのだ。そういう呼吸を感じ（読み）取りながら税法条文を読まなければいけない。

そういう読み取りができるようになれば、1人前の実務家と言える。私は、そういう実務家の仕事の1つとして大学で講義をしているのである。

大学で試験問題を出す際に、「何を持ち込んでもいい。自由に持ち込め」と言っている。本当は隣の学生と相談してもいいという話もしたのだが、大学の教務課から、そうなるとカンニングになるからだめだと言われてしまった。暗記した知識などというものは、ビール1杯飲めば忘れてしまうものである。むしろ互いに討議したり考えたりすることこそが大切なのだ。税理士になれば暗記していなくとも、条文を引っ張り出せばよいのだから、そんなものを覚えていても何の価値もない。

生々しい取引の背景があって、その背景を完全に理解し、生きた取引を知っている人が、その生き物である税法を読んでいく、それをまた教えていくというのがあるべき姿なのではないか。

キャンパスの中でしか通用しない理論は、少なくとも税という中ではあまり意味を持たない。だから、学者と言われることがあっても、「おれ、学者じゃないよ」と返すのだ。

10 課税の根拠は法律にある

――貸倒れは単純ではない

通達の文言だけでは税務処理できない（旧興銀事件）

課税の根拠は、法律であって、通達（や国税庁ホームページの質疑応答事例等）ではない。とりわけ、通達に書かれていることをその趣旨や状況が合わないにもかかわらず、文字どおり強引に適用しようとする「通達行政」に対して、私はことあるごとに異を唱えてきた。貸倒損失などはそのいい例である。

法人税基本通達9－6－2（回収不能の金銭債権の貸倒れ）の前段では、貸倒損失の損金算入について、次のように定めている。

図表　不良債権問題の構図

「法人の有する金銭債権につき、その債務者の資産状況、支払能力等からみてその全額が回収できないことが明らかになった場合には、その明らかになった事業年度において貸倒れとして損金経理をすることができる。」

この通達を文字どおり読めば、債権が回収可能かどうかについては、債務者の資産状況、支払能力等、つまり**【債務者側の事情】**のみを判断すればよいことになる。しかし、債権の回収可能性は、債務者側の事情のみで考えられるものだろうか。この点が問題になったのが、旧興銀事件であった。

バブル崩壊後に地価が大暴落し、多くの不動産業者は、経営の悪化、破綻に追い込まれた。バブル経済のもとで、そうした不動産業者に融資を拡大していた住宅金融専門会社（住専）の不良債権は膨れ上がり、社会的な問題となっていた。

住専はもともと個人向け住宅ローンのために金融機関等の共同出資により設立されたもので、銀行や農林系金融機関は住専に対して巨額の融資を行っていた。住専自体はもちろんのこと、その母体行、融資を行った一般行、農林系金融機関、さらには行政の責任が問われることとなった。

この住専の不良債権問題を受けて、日本興業銀行（旧興銀）は、平成8

(1996)年に住専に対する債権を放棄し、貸倒損失を計上した。

しかし、課税庁はこの債権放棄・貸倒損失の計上について、課税負担の減免を目的としたものではないかと疑い、貸倒処理を否認したのである。前述の通達に書かれているように、貸倒損失を損金算入するためには、債権の全額が回収不能であることが求められるが、その時点では、債務者たる住専には一定の資産があって、法的には債権が回収不能とは言えないのではないかと、課税庁は考えたのである。原審(高裁)もこの主張を支持した。

ただ、当時、旧興銀は、破綻した住専の母体行としての責任を他の住専債権者から厳しく問われる状況にあった。そのような中で、政府や金融機関などの関係者は協議を重ね、母体行が住専に対して債権放棄(全額)を行うことを前提とした住専処理のスキームを考えていた(閣議決定している)。そうした背景を無視して、旧興銀が、他の債権者と肩を並べて債権回収を強行することは本当に可能と言えたのだろうか。

最高裁は、債権の全額が回収可能かどうかは、債務者の事情のみならず、債権者の事情*や当時の経済的環境などを考えて、社会通念によって総合判断されるべきだという考えを示した。つまり、理屈では回収可能であったとしても現実的ではないと考え、旧興銀の貸倒処理を正当

* 債権回収に必要な労力、債権額と取立費用との比較衡量、債権回収を強行することによって生ずる他の債権者とのあつれきによる経営的損失等が例示されている。

とする主張を容れたのである。

住専を作ったのも、資金を融通したのも旧興銀であった。つまり、旧興銀が親玉で、住専は子分である。親玉の言うままに資金を出し、その結果回収できなかったのだ。親玉の責任は重いから率先して債権を放棄させ、貸倒れとしたのだ。前述のとおり、旧興銀は住専の母体行として、住専破綻の責任を厳しく問われる立場にあり、まず親玉自身が債権放棄をしなければ、収まらないという事情があったのである。

そうした債権者側の事情を考慮することに「文句があるか」ということである。この事件は通達の文言だけでは税務処理を行うことができない好例であろう。

ホームページ行政

また、同通達（法基通9－6－2）では、「金銭債権について担保物があるときは、その担保物を処分した後でなければ貸倒れとして損金経理をすることはできないものとする。」とも書かれている。文字どおり読めば、担保物がある場合には、その処分後でなければ貸倒処理ができないことになる。たとえその担保物が劣後であってもだ。

この点、幸いなことに、平成24（２０１２）年11月2日にホームページが更新され（質疑応答事例が追加）、「担保物の適正な評価額からみて、その劣後抵当権が名目的なものであり、実質的に全く担保されていないことが明らかである場合には、担保物はないものと取り扱って差し支えありません。」としている。

担保物が名目的なものであれば、それを無視して貸倒処理することを認める極めて実質的な取扱いである。

なお、同時に同通達注書きの「保証債務は、現実にこれを履行した後でなければ貸倒れの対象にすることはできないことに留意する。」についても、同日の質疑応答事例の追加により、担保物があるときの場合と同様に実質的な取扱いとなっている。

このように通達の硬直的な運用を見直す動きが出てきたこと自体は歓迎すべきである。ただ、通達自体を見直すのではなく、ホームページを更新するだけというのは不可解である。国税庁は、通達とホームページを使い分けている理由を納税者に明らかにすべきである。

11 法律を正しく読む――寄附金の課税要件

決めつけや通達に従って税務処理（または課税）を行うのではなく、法律を正しく読んで、課税要件を適用すること。これは税理士にとってはもちろん、課税庁にとっても税務のイロハだと言える。しかし、現実にはなかなか徹底されていないことが多いようだ。平成26（2014）年1月24日東京地裁判決を参考に「法律を正しく読む」ことの重要性を考えてみたい。

安易な寄附金課税

事例の前提条件は極めてシンプルだ。

- A社はB社に製品を納入（外壁の販売）している。

• 納入価額は概算による〈仮価額〉とする。
• 期末に適正な原価計算を行い、これを基礎として〈適正価額〉とする。
• 適正価額と仮価額の差は、期末に精算（売上値引きおよび単価変更）している。

これに対して課税庁（大阪国税局）は、この仮価額こそが契約で定められた決定金額であり、期末の精算は法人税法第37条第7項の「贈与」に当たるとして寄附金の認定をした。同項では、寄附金の意義を「寄附金、拠出金、見舞金その他いずれの名義をもってするかを問わず、**内国法人が（した）金銭その他の資産又は経済的な利益の贈与又は無償の供与**」としており、課税庁は、この期末の精算を〈資産又は経済的な利益の贈与又は無償の供与〉とみたことになる。

課税庁の主張の要旨は以下のとおりだ。

(1) A社とB社間の外壁の契約価格は、[*1] **当初取引価格**である。
(2) 期末の精算は、合理的な原価計算に基づくものではなく、単にA社の利益をB社に付け替えるだけのものであり、独立企業間の通常の経済取引として是認できる合理的理由がない

＊1　本件契約において、「合理的な原価計算の基礎に立ち、B社・A社協議の上決定する」と定められている。

のに、調整しているものである（つまり税逃れのための利益調整である）。

(3) したがって、期末の精算は、経済的にみて〈贈与〉と同視し得る利益の供与であり、法人税法第37条第7項所定の寄附金に該当する。

この(1)から(3)に対して、裁判所は、次のように判断している。

(1) 契約価格は当初取引価格なのか

当初取引価格＝最終的な契約価格とするには相当疑義がある。

（裁判所の見解）

- A社とB社との間の複数の価格の設定やそれに関する通知書面等の存在から鑑みて、当初取引価格は、後に改訂が予定された暫定的なものとみるのが自然である。
- 当初取引価格は、予算計画を策定するための基準として利用されることが予定されている数値にすぎず、B社とA社との間で、最終的な契約価格として合意されていたとするには相当疑義があると言わざるを得ない。

(2) 期末の精算は合理的な理由もない利益調整にすぎないのか

利益調整とは認められない。

〔裁判所の見解〕

- 事業内容等に鑑みると、A社とB社が、実際原価計算に基づく期末の精算で取引価格を正式決定するという内容の契約を締結することは、企業の事業活動の在り方として一概に不合理であるとまでは断ずることはできない。
- その原価計算等の内容に不合理な点がなく、税負担を逃れるための恣意的な利益調整ではないと評価されるものであれば、契約価格に合致するものと解することが相当である。
- A社が差異分析の手法を転用し、その上で取引価格を決定したことは、不合理なものではなく、税負担を逃れるための恣意的な利益調整であるとは認められない。

(3) 期末の価格調整は〈贈与〉で寄附金に該当するか

該当しない。

（裁判所の見解）

合意されたとみるべき契約価格は、期末決定価格であり、期末の精算により、A社からB社に対し、経済的にみて贈与と同視し得る資産の譲渡・利益の供与がされたとは認められないから、法人税法37条7項の寄附金に該当しない。

寄附金の課税要件

課税庁の主張はことごとく否定されているわけであるが、なぜこのような失当を犯してしまったのだろうか。

一言でいうと、課税庁は、法律を勉強していなかったために訴訟で敗れたのである。課税庁はおそらく「低廉譲渡イコール寄附金」と単純に考え、税務を執行していたと考えられるが、それは法人税法第37条第7項・第8項の法構成を理解していなかったとしか考えられない。

(1) 贈与とは

この事件で課税庁は、法人税法第37条第7項を持ち出して、寄附金に該当することを主張した。注意したいのは、同項は寄附金の課税要件として「資産や経済的な利益の贈与・無償の供与」であることを規定しており、す・べ・ての資産の譲渡や経済的な利益の供与が問題とされるわけではない。その意味で、裁判の論点は、A社の期末の精算が、資産や経済的な利益の贈与・無償の供与に該当するかどうかであった。

贈与の意思表示が要式行為として明確になされていれば、争いが生じる余地はない。しかし問題は、「贈与の意思を隠匿して売買を仮装するような」行為、すなわち隠匿行為がなされている場合である。この点、ある行為が贈与の意思を隠匿してなされたものであっても、贈与としての要件が具備されていれば、〈実質的に贈与〉として扱われることになる。[*2]

(2) 実質的に贈与・無償の供与をしたと認められるのはどういうときか

この実質的な贈与について定めた規定が、法人税法第37条第8項である。資産の譲渡や経済

---

*2 「虚偽表示には、他に真実の行為をする意思を伴なうことがある。例えば、贈与の意思を隠匿して売買を仮装するような場合である。この隠れた行為をとくに隠匿行為(dissimuliertes Geschäft)という。しかし、隠匿行為は、それ自身として意思表示ないし契約としての要件を備えるかどうかによってその効力が定められるものであって、特別の原理に従うものではない。右の例で贈与としての要件が備わっておれば贈与としての効力を生ずる。(中略)ドイツ民法は、虚偽行為の中に他の行為がかくされているときは、かくされた行為に関する規定を適用すると定めているが、当然の事理である」(我妻栄『新訂民法総則(民法講義Ⅰ)』(岩波書店、1965年)295頁)。

的な利益の供与をした場合に、その〈対価の額〉が〈時価〉と比べて低いときは、その差額のうち「実質的に贈与・無償の供与をしたと認められる金額」を寄附金の額に含めることが定められている。[*3] いわゆる低廉譲渡の際の寄附金課税である。

ここでも注意したいのは、低廉譲渡の際の〈対価の額と時価との差額〉のすべてを寄附金の額としているのではなく、対価と時価との差額のうち、実質的に贈与・無償の供与をしたと認められる金額を寄附金の額としている点である。

では、どのようなときに、「実質的に贈与・無償の供与であると認められる」のであろうか。ここで手掛かりとなるのが、大阪高裁昭和39年3月27日判決（第1審：大阪地判昭38・3・30）の次の判示である。

「『贈与したと認められるとき』とは、譲渡資産の時価と譲渡価格との差額について、任意且つ無償で提供され、相手方もその差額について、何らの犠牲を伴わずに、受益していると認められ

＊3　「内国法人が資産の譲渡又は経済的な利益の供与をした場合において、その譲渡又は供与の対価の額が当該資産のその譲渡の時における価額又は当該経済的な利益のその供与の時における価額に比して低いときは、当該対価の額と当該価額との差額のうち実質的に贈与又は無償の供与をしたと認められる金額は、前項の寄附金の額に含まれるものとする。」

るときであって、これに反し、合理的な理由による場合は、贈与したものと認められないものと解すべきである。」

後段からわかるように、そもそも、A社による期末の精算について、合理的な理由があれば、贈与とは認められないこともわかる。

つまり、「実質的に贈与又は無償の供与をしたと認められる」という法人税法第37条第8項の規定は、**「経済的合理性が存在しない」**行為に適用されると考えられているのだ。

なお、通達や判例集をみると、経済的合理性があるとされるのは、次の場合である。

- やむを得ず行われた子会社への無利息貸付け（法基通9－4－2）
- 子会社に対する債権放棄がより大きな損失を回避する場合（法基通9－4－1）
- 契約に基づいて、値増しするのは、価格決定のプロセスであるから寄附金に該当しないとした例（大阪国税不服審判所平成21年8月21日裁決）。

ここまで贈与に焦点を当てて述べてきたが、法人税法第37条第8項における「無償の供与」についても簡単に確認しておきたい。これについては、「経済的な利益の無償の供与は、その**取引行為の時点でみて、自己の損失において専ら他の者の利益を供与するという性質を有する**ような行為のみをいうものと解すべきであり（以下略）」（東京地判平3・11・7、強調筆者）という判示を知る必要がある。取引の時点で全くの自分の持ち出しのみで（自己負担で）他の者に利益を供与するような行為が〈無償の供与〉に該当しうるのだ。[*4]

(3) 第7項と第8項の課税要件は共通している

さて、本来この法人税第37条第8項は（低廉譲渡に関する）創設的規定と解すべきではなくて、第7項の（贈与・無償の供与に関する）確認的規定と解すべきである。その理由は、第7項においてすでに「贈与・無償の供与」をもって「寄附金」としているからである。第8項は、そうした「贈与・無償の供与」の代表例として低廉譲渡について定めているのだ。[*5] このことは、第8項において「前項（筆者注：第7項）の寄附金の額に含まれるものとする。」と規定しているところからもわかる（傍点筆者）。

したがって、第7項と第8項も寄附金の課税要件は共通であり、課税庁が第7項により寄附

＊4 「その取引行為の時点においては自己の利益を生ずる可能性があるとみられていた行為が、その後結果として自己の不利益となり、専ら他の者に利益を供与することとなったにすぎない場合にも、これをもってなお右経済的な利益の無償の供与に当たるものとすることは相当でないものと考えられる。」とも判示されている（本文引用判決の判示）。

＊5 法人税法第37条第8項は、不当高価の譲受けについては言及されていないが、不当高価の譲受けをした場合も、同様に考えることができる。

金課税を主張する際にも、結局は「実質的贈与があったこと」「経済的合理性の不存在」を課税庁自身が立証しない限り、寄附金認定はできない。

なお、法人税法第37条第8項のもとで、取引価格について寄附金認定が成立するためには、「実質的に贈与であること」すなわち「経済的合理性が存在しないこと」以外に、次の課税要件事実の立証が必要であるが、ここでは検討を省略する。

- 時価（公正な取引価格）を明確にすること
- 取引価格（対価）と時価との差額があること

裁判所の結論

これまで述べてきたような法人税法第37条の解釈とその解釈をこの事件に当てはめた場合にどうなるかということを意見書としてまとめ、この裁判に提出したところ、裁判所はこれに応えてくれた。

裁判では、「同条8項が『実質的に贈与又は無償の供与をしたと認められる金額』を寄附金の額に含む旨規定していることからすると、同条7項にいう『贈与又は無償の供与』とは、民法上の贈与に限られず、経済的にみて贈与と同視し得る資産の譲渡又は利益の供与も含まれると解される。そして、ここでいう『経済的にみて贈与と同視し得る資産の譲渡又は利益の供与』とは、資産又は経済的利益を対価なく他に移転する場合であって、その行為について通常の経済取引として是認できる合理的理由が存在しないものを指すと解することが相当である。」とされている。

そして、前述のように、A社が行った期末の精算に法人税法第37条第7項の寄附金が含まれることを否定し、第8項の意義を説明するとともに、次のように判示した（強調筆者、かっこ書は筆者注）。

「しかし、本件において、被告（課税庁）は、同項（第8項）に基づく主張はしておらず、また、**A社とB社間の外壁の取引価格と、外壁の市場価格との差額の存在及び額を認めるべき証拠はな**いから、本件売上値引き及び本件単価変更に係る金額は37条8項の寄附金に当たるとはいえない。」

課税庁の主張は、「本件売上値引き及び本件単価変更に係る金額は、法人税法第37条第7項所定の寄附金に該当する。」としているだけで贈与の立証がなく、そもそも第8項の課税要件に則した検討がなされていないので、寄附金が認定されるわけはない。

やはり「条文を正しく読む」ことが税務訴訟においては何よりも必要である。

12 取引・行為の形式ではなく実質をみる——交際費3要件と個人的歓心

交際費と言えば1人当たり5、000円基準でよいのか

「これは人数を増やしていますね。重加算税は免れませんよ」

「どの事案ですか」

「飲食代金は合計で27、500円ですね。参加者は5人で、1人当たり5、000円を超えていますから、交際費です。6人で計算しているのは事実と違いますよ」


調査官は勝ち誇ったように言う。調査官は飲食店の請求書を数千枚集め、反面調査をしているのである。

しかし、実際には、宴会に30分ほど遅れて参加した女性社員がいた。突き出しが5つになっているることを知った調査官は、これを水増しだと疑ったのだが、店側がきちんと領収書に人数を書いてくれていたのだ。

この江戸の岡っ引きのような尋問のせいで、女性は説明しながら震えている。それをこの調査官はわかっているのだろうか。当然、税理士として、私も黙っていられない。そもそも、課税を主張する以上、課税要件は課税庁が明らかにするものなのだ。

このやり取りにもあるように、交際費と言えば「1人当たり5，000円」という形式基準が、課税庁サイドにも、納税者サイドにも、下手をすると税理士にも染みついている。

しかし、課税要件は法律から正しく読み取ってほしい。交際費について定めた租税特別措置法第61条の4第4項によると、「交際費等とは、交際費、接待費、機密費その他の費用で、法人が、その得意先、仕入先その他事業に関係のある者等に対する接待、供応、慰安、贈答その他これらに類する行為のために支出するもの」とされている。

なお、この交際費等の定義から除外する費用の1つとして「飲食費であつて、その支出する金額を基礎として政令で定めるところにより計算した金額が政令で定める金額以下の費用」（措法61の4④二）が規定されており、政令で「1人当たり5，000円」が定められているのだ（措令37の5①）。その意味で、「1人当たり5，000円」基準は、あくまで交際費等の例外であって、交際費等かどうかを本質的に問うものではない。

萬有製薬事件と交際費の3要件説

さて、この租税特別措置法第61条の4第4項をめぐっては、2要件説から4要件説まで主張されているところであるが、ここでは3つの要件で交際費課税の是非を判断した萬有製薬事件（東京高判平15・9・9）を検討してみよう。

(1) 事件の概要

萬有製薬は、主として医薬品の製造販売を事業内容とする会社である。[*1] その販売先である大学病院の医師等は、執筆した医学論文を海外の雑誌に投稿するために英文添削を同社に依頼した。これを受け、同社はアメリカの添削業者2社に外注していた。

同社は医師等から国内添削業の平均的な英文添削料金を収受していたが、実はアメリカの添

＊1　現在は、業界再編によって、ＭＳＤ株式会社に統合され、その名前も消滅している。

削業者に支払っていた実際の添削料金はその3倍以上で、この差額分は同社が負担していたのである。

これに対して課税庁は、英文添削を依頼した医師等を同社の「事業に関係ある者」とみなし、この差額負担分は、医師等に対する接待等を目的とした支出であって、交際費等に該当するとして更正処分をした。

国税不服審判所の裁決および第1審の判決（東京地裁）ではいずれも課税庁の処分を是としたが、控訴審（東京高裁）では納税者が逆転勝訴し、課税庁は上告を断念したため、控訴審判決が確定した。

(2) 交際費課税の3要件

この控訴審において採用された考え方が、いわゆる3要件説である。

「『交際費等』に該当するというためには、①『支出の相手方』が事業に関係ある者等であり、②『支出の目的』が事業関係者等との間の親睦の度を密にして取引関係の円滑な進行を図ることであるとともに、③『行為の形態』が接待、供応、慰安、贈答その他これらに類する行為であること、の三要件を満たすことが必要であると解される。」

整理すると、判決で示された交際費等の課税要件は次の3つである。

①「支出の相手方」が事業に関係ある者であること

②「支出の目的」が事業関係者等との間の親睦の度を密にして取引関係の円滑な進行を図ることであること

③「行為の形態」が接待、供応、慰安、贈答その他これに類する行為であること

これは、「交際費等」が、一般的に支出の相手方や目的に照らして、取引関係の相手方との親睦を密にして取引関係の円滑な進行を図るため支出するものと理解されていることを前提としたものであった。

(3) 事件への当てはめ

判決では、①支出の相手方が「事業に関係ある者」に該当する可能性は否定できないとしたものの、[*2] ②支出の目的については、「その支出の動機、金額、態様、効果等からして、事業関係者との親睦の度を密にし、取引関係の円滑な進行を図るという接待等の目的でなされたと認

*2 この点についても、私は、萬有製薬が薬の処方権限を持つ者、持たざる者を区分しないで添削料の差額を負担し、しかも、その差額負担の事実を相手方に明示しなかったという事実に着目して「事業に関係ある者」を判断すべきではなかったかと考えている。

めることは困難である」と述べた。
裁判所は、英文添削がなされるようになった動機や経緯を踏まえ、当初の支出の目的を「主として、海外の雑誌に研究論文を発表したいと考えている若手研究者らへの研究発表の便宜を図り、その支援をするということにあった」と認めたのである。また、そもそも差額が生じていた事実を研究者に明らかにしておらず、その事実を研究者は認識していなかったことから、差額負担の事実を研究者等やその属する医療機関との取引関係のうえで積極的に利用しようとしたとは言えないと考えたのだ。

③「行為の形態」が接待、供応、慰安、贈答その他これに類する行為であること、については、どのように判断したのだろうか。注目すべきことに、この接待等に該当する行為について、「一般的に見て、相手方の快楽追求欲、金銭や物品の所有欲などを満足させる行為をいうと解される。」と述べているのだ。

課税庁による「支出の目的がかかる相手方に対する接待、供応、慰安、贈答その他これらに類する行為のためであれば足り、接待等が、その相手方において、当該支出によって利益を受けていると認識できるような客観的状況の下に行われることは必要でない。（中略）交際費等に該当する接待等の行為は、相手方の欲望を満たすものである必要はない」との主張とは大いに異なるところである。

交際費とされるためには、それを支出する側の意図だけではなく、接待を受ける側がそれによって利益を受けるような客観的状況がなければならないのである。[*3]この考え方によって、裁判所は、添削料の差額負担という行為は「通常の接待、供応、慰安、贈答などとは異なり、それ自体が直接相手方の歓心を買えるというような性質の行為ではなく、上記のような欲望の充足と明らかに異質の面を持つことが否定できず、むしろ学術奨励という意味合いが強いと考えられる。」と述べた。

この点、課税庁は、添削料の差額負担が通常の接待、供応、慰安、贈答ではなく「その他これらに類する行為」に該当し、それは接待、供応、慰安、贈答とは性格が類似しつつも、行為形態の異なるもの、すなわち、その名目のいかんを問わず、取引関係の円滑な進行を図るためにする利益や便宜の供与を広く含むものであると主張した。

これに対して裁判所は、租税法律主義（憲法84条）の観点から「その他これらに類する行為」の拡大解釈を否定した。英文添削のように、それ自体が直接相手方の歓心を買うような行為ではなく、学術研究に対する支援、学術奨励といった性格のものまでがその中に含まれると解釈するには無理があるとしたのだ。

---

*3 「会社からの金員の支出が交際費と認められるためには、（中略）その支出によって接待等の利益を受ける者が会社からの支出によってその利益を受けていると認識できるような客観的状況の下に右接待等が行われたものであることを要する。」（大阪高判昭52・3・18）

結局、萬有製薬の英文添削の差額負担は「直接相手方の歓心を買えるというような性質の行為ではなく、むしろ学術奨励という意味合いが強いこと、その具体的態様等からしても、金銭の贈答と同視できるような性質のものではなく、また、研究者らの名誉欲等の充足に結びつく面も希薄なものであること」などから、③「行為の態様」要件に該当しないとして、交際費課税を取り消したのである。

なお、判決では言及されていないが、日本国内の添削業者の英文とアメリカの業者のそれとでは、クオリティがずいぶん違うそうだ。国内業者の英文は、学校英語ともいうべきもので、微妙な言いまわしがうまく伝わらず、最悪の場合、論文の価値が落ちてしまうのだ。私としては、英文の〈洒落〉を買うために金銭を支出したことが交際費となるかどうかについて、裁判所の見解を示してほしかったが、実際には交際費となるための3要件説で判断されたようである。

相手方の個人的歓心を買うかどうか、行為の本質をみる

このように整理してみると、交際費等かどうかを判断するためには3要件を検討して…と、ややこしく思われるかもしれない。しかし、例えば、来客に昼食等を供与したとしても、それが、社会通念上通常の程度のもので、相手方の個人的歓心を買うような利益を与えているとい

う認識がなければ交際費等に該当しないと解すべきであろう。

かつて私は、ヨーロッパ諸国の財務省を訪問し、税制の調査・研究を行っていた。その時に、相手方に昼食をごちそうになる機会があったので、「これは交際費ですか」などと質問をぶつけてみた。

すると、相手は、「昼食を出したことによって私はあなたの個人的歓心を買いましたか」と聞き返してくる。「いいえ」と答え、昼食をはさんでさらに税制に関する論議は白熱した。「今、私たちは、お互いにわが国と貴国の税制を語り合っているのです。これにより、個人的歓心を買っているわけでありません。交際費になるわけがありません。わが国では日本のように5,000円超などと形式的な基準で交際費を判断しません。」とたしなめられてしまった。これが本当の税法・税務のあるべき姿だろう。

実は、相手方の個人的歓心を買うものではないものまで交際費等とすることについて、平成17年度税制改正大綱（自由民主党）では、「種々の指摘に鑑み、交際費等の範囲に関し、その実態等を踏まえつつ、課税上の運用の明確化のための検討を行う」とされていた。

自民党税制調査会会長・津島雄二氏（平成17年当時）は、大法人の場合であれば、例えば1円の交際費でも損金不算入となっている制度を批判して「おおよそ交際費といわれるものは全部否認で、ある意味で企業会計の基本に反するんです。企業体からいってどうしても必要なお付き合いがあるでしょうし、同時に明らかに事業にプラスにもなるものもあるでしょう。それを何で一律に否認しなければならないのか。中小企業については一定の損金枠があるにしても、大企業であったってあまりにも実態に合わないですね。交際費の否認というのは到底、受け入れられないと考えられます。」とも述べていたのである。

仕事の打ち合わせ時における食事代についても「ご承知のとおり、外国の例を見ると、例えば昼食を一緒にとって食事しながら仕事の打ち合わせをするとかを当然認めているわけで、それが社会の批判を招かない程度の枠内であれば、通常の社会的存在である企業体としての活動です。それが企業の収益活動につながっていくと考えられます。実態に合わないような交際費否認制度からは決別すると受け止めてください。」としていたのだ。

日本の交際費課税は官僚発想による硬直的なものであり、当時は昼食も1人当たり3,000円までというように、およそ常識から離れた執行がなされていた。昼食等の供与により「個人的歓心を買ったかどうか」という実質を全くみつめようとしない税務がはびこっていたのである。

津島氏の言葉には非常に期待していたものの、平成17年度税制改正においても結局、個人的歓心を買う費用は交際費で、それ以外は除外するといった実質をみるような考え方は排除され、1人当たり5,000円以下の社外飲食費を損金として認めるという形式基準による改正がなされてしまった。

交際費等の解釈を官僚支配から民間の手（常識）に取り戻さなければならない。

13 取引の現実を知る
——損害賠償金の課税をめぐる議論

税理士は、弁護士、公認会計士とともに自由職業人である。「自由」とは誤ったことに対して「ノー」と言えることである。

その弁護士の中で私が真の友人と思える1人が山下清兵衛氏である。租税訴訟学会では弁護士会館で語り合い、地下の居酒屋で一杯やる。山下氏は酒が呑めないが、ウーロン茶で付き合ってくれる。

山下氏に興味を持ったのはA社（ビルの清掃業を営む会社）の経理部長が架空外注費を計上した事件の第1審（東京地裁）で担当の弁護士をしていたからである。

第1審は原告（会社）が勝訴したがその論旨に同感するところがあった。

この事件では、課税庁は、外注費の架空計上は損失になるが、同時に経理部長に対する損害賠償請求権を得る（益金の発生）から、益金と損金の同時計上となり「チャラ」になる、という『同時両建説』を主張していた。一方、会社側は、会社の損害は発生するが、損害賠償請求権は別に発生するという『異時両建説』を主張していた。

損害賠償請求権があっても、それを主張するか否か、主張し相手側が認めるかどうか、認めたとしても相手側に支払能力があるかどうかはすべて別であり、「もらってみなければわからない金」である。

山下氏は、外注費の架空計上は、A社の経理部長の詐欺行為によるものであり、同従業員に対する損害賠償請求権は回収が困難なこと等から益金の額に算入するべきでないと主張して各処分の取消しを求めた。

この事件は、第1審（東京地判平20・2・15）では納税者勝訴、第2審（東京高判平21・2・18）では課税庁の勝訴、上告審（最判第二小法廷平21・7・10）では棄却、不受理となった。しかし、この事件では収益の認識基準について検討すべき余地が十分にあるものである。

損害賠償事件は、それを相手が認めたか否か、認めても支払能力があるか否か、つまり、「もらってみなければわからない」という事実を私は多く知っていたので、課税庁の「同時両建説」に違和感を持っていた。山下氏を「取引の現実を知る弁護士」として注目したのである。

■同時両建説と異時両建説

会社（法人）が他の者の不法行為や債務不履行などによって受けた損害について、損害賠償を請求し、その賠償を受ける場合の損害賠償金の収益の計上時期については大別して2つの考え方がある。

1つは、これらの行為に基づく損害を受けた時点で自動的に民事上の損害賠償請求権を取得するのであるから、その損害賠償の原因となった損失を計上する時期と同時に損害賠償金の収益計上をすべきであるというものである。これは「同時両建説」と呼ばれている。

もう1つの考え方は、損失は損失としてその発生時点で計上し、損害賠償金はこれと切り離して、その支払を受けるべきことが確定した時点で計上すべきであるというものである。これは、「異時両建説」と呼ばれている。この考え方によれば、損害賠償金の額が相手方との合意によって確定した時点で収益計上するということになろう。

ところで、現実には、損害賠償金を受けるべきことやその額について相手方と合意があったとしても、相手方の支払能力その他の事情によって確実にこれを受け取れるか否かが判然としない場合が多い。つまり、現実に支払を受けるまでは、確定的な収益とみられない側面があるということである。

訴訟例（過去の経緯）

(1) 最高裁・昭和43年10月17日判決

このような損害賠償金の収益計上時期については、さまざまな議論がなされ、最高裁昭和43年10月17日の判決でその両者について認識すること（同時両建説）で決着した時期もあった。

（参　考）
横領行為によって法人の被った損害が、その法人の資産を減少せしめたものとして、右損害を生じた事業年度における損金を構成することは明らかであり、他面、横領者に対して法人がその被った損害に相当する金額の損害賠償請求権を取得するものである以上、それが法人の資産を増加させたものとして、同じ事業年度における益金を構成するものであることも疑ない（最判昭43・10・17、税資53号659頁）。

(2) 昭和55年5月法人税基本通達2次改正

しかし、昭和55（1980）年5月の法人税基本通達改正で、「他の者」から支払を受ける損害賠償金については、損害による損金算入時期と損害賠償金の益金算入時期を切り離して考える処理を認めるようになった（異時両建説）。損害賠償金の請求権というもの自体が抽象的で、必ずしもこれを行使できるとは限らないという実態から、その収益計上の時期は、その支払を受けるべきことが確定した時を原則とするが、法人が実際に支払を受けた日に収益計上をしている場合は、これを認めることとしたのである（法基通2－1－43）。

注意したいのは、この取扱いは「他の者から支払を受ける」損害賠償金についてだけ適用し、役員、従業員が行った横領損失等については通達適用の埒外とした点である。

例えば、役員や使用人による使い込み、横領などがあった場合には、法的には、会社がその役員や使用人に対して不当利得返還請求権または損害賠償請求権を有する。しかし、特に役員の場合はその地位の特殊性からみて、会社に損害賠償請求権があるか否かが明確でない場合も少なくないし、違法配当に基づく取締役の損害賠償責任などは複雑な要素を持っている。

そうした事情に鑑みて、同通達では「他の者から支払を受ける損害賠償金」という表現を用いて、役員、従業員が行った横領損失等を通達の適用範囲から除外しているのである。

この通達の改正には、詐欺被害に基づく損害の計上時期に関し、従来判例を覆し、潜在的な損害賠償請求権とは切り離して、当該損害をその確定時の損金とすることを認めた判決（東京高判昭54・10・30）が強い影響を与えたものと考えられる。*1

また、課税庁の説明（『法人税基本通達逐条解説』）でも、「損害の発生と同時に損害賠償請求権を収益計上させるというような考え方は著しく実態から遊離する場合が少なくなく、一般的にこの基準によることは相当でないというべきであろう。」としている。

なお、通達を書いた渡辺淑夫氏は、この異時両建説について、「損害の発生による損失は損失としてその発生時点で計上し、損害賠償金収入はこれと切り離してその支払いを受けるべきことが確定した時点で収益計上すれば足りるとするものである。」と述べたうえで、その考え方の根拠については、以下のように示している。[*2]

「たとえ民事上は損害の発生と同時に損害賠償請求権が発生するとしても、それはあくまでも観念的、抽象的なものであって、現実には、この種の事件にあっては、そもそも相手方に損害賠償責任があるのかどうかについて当事者間に争いがあることが少なくない上、仮に相手方に損害賠償責任のあることが明確であるとしても、具体的にいかなる金額の損害賠償を受け得るのかについては、さらに当事者間の合意又は裁判の結果等を待たなければ確定しないのが普通であるから、保険金や共済金のようにあらかじめその支払いを受けること及びその金額が契約上明らかになっているものとは異なり、これにつき厳密な費用収益の対応を求めるのは実情に合わないとい

＊1　同判決は、最高裁昭和60年3月14日判決により確定。税資109号127頁、144号546頁参照（渡辺淑夫『法人税解釈の実際―重要項目と基本通達』（中央経済社、1989年）180頁）。

＊2　渡辺・前掲書・179頁。

うのがその論拠になっている。」

(3) 東京地裁平成20年2月15日判決／東京高裁平成21年2月18日判決

ところが、冒頭に述べた経理部長の横領（外注費架空計上）に係る裁判（東京地判平20・2・15、東京高判平21・2・18）では、結果として同時両建説的な判示で結審した（最高裁（平成21年7月10日判決）は不受理としたため同時両建説で確定）。

第2審は、会社が損害賠償請求権を把握していたかどうかに注目した。すなわち、横領の事実は、会計資料として保管されていた請求書と外注費として支払った金額とを照合すれば容易にわかるはずで、問題のあった事業年度当時において、損害賠償請求権の存在、内容等を把握できず、権利行使を期待できないような客観的状況にあったということは到底できない（＝わかっていたのなら益金に計上すべき）としたのである。

また、相手の支払能力という点でも、マンションや自家用車を所有していること等から、住宅ローン等の債務により債務超過に陥っていた可能性が高いものの、全く弁済能力がなかったとは言えないとする。つまり、問題のあった事業年度当時において、損害賠償請求権が全額回収不能であることが客観的に明らかであったとは言い難い（＝支払能力もあるのだから益金に計上すべき）としたのである。

しかし、取引の現実を考えると、会社側が被害（横領の事実）を知る前に損害賠償請求権を行使することはできないのであるから、それを益金の額に算入することはできないのではないかと思う。つまり、実務において会社側の横領を見過ごしてしまった行為に問題があるとしても、抽象的な損害賠償請求権の存在をもって、益金の額に算入すべきであるという高裁の判示はやや乱暴である。

法形式だけでなく、取引の現実をみつめる

損害賠償請求権の益金算入については、「権利確定主義の観点から、それが『発生』したにとどまるものなのか、『確定』しているものなのかに応じて益金計上時期が決せられることが相当である[*3]」という考え方もある。しかし、実務において「確定しているかどうか」を判断することは、机上で考えるほど簡単ではない。現実に認識し、測定できることを前提として考えるべきで、権利確定主義という言葉だけで判断できることではない。収益計上については、権利確定主義だけではなく、引渡基準、実現主義等の背後にある収益そのものの実現可能性も含

＊3　矢田公一「不法行為に係る損害賠償金等の帰属の時期―法人の役員等による横領等を中心に―」『税務大学校論叢』第62号（２００９年）１０４頁。

めて検討しなければならない。

先に挙げた事例では、結果として不受理となってしまったが、役員・使用人の横領等の場合や法人が知り得なかった場合については、異時計上で考えることはケース・バイ・ケースで認められるべきである。

法形式によって安直に判断をするのではなく、取引の現実、実態をしっかりみて、その現実や実態に即した税務上の判断を下してほしい。そのためには、取引の現実を、さらには取引の中にいる人々の行為、心をみつめられる目を養ってほしい。

14 通達の限界
――ロータリークラブ会費等の取扱いの変遷

私は税理士として、他人の税を安くしようと思ったことはない。納得と安心感を与える職業であると考えている。税金対策のために、わざわざ土地にアパートを建てて貸家建付地等として土地の評価を低くし、相続税を節税するといった仕事はしない。課税要件に従って納付できればそれでよいと考えている。また、同時に、税務署は「お願い」をするところではなく、当然のことを当然のこととして話し合える対話の相手と考えている。

第1部2「税の道へ――「ノー」を「ノー」と言える自由のために」でも述べたとおり、私は税務講習所（現在の税務大学校）に入所して1年学んだ。税務講習所を卒業して税務署に配属されたが、そこで要求されるのは「通達に従う真面目な国家公務員の姿」であった。しかし、通達という1つの法解釈が常に正しいとは限らない。「通達に意見があれば、役所を辞めて民間人になれ」ということであった。

「通達」の外で、正義や真実と向き合って、税法を解釈したい。自分の責任で、「ノー」を「ノー」と言える自由が欲しかったというのが税理士になったきっかけである。

「週刊エコノミスト」のバックナンバー（2020年4月14日号）の特集記事に、「コロナ不況残る会計士　消える税理士」とある。資産税の節税や記帳だけを専門にしているような税理士は消えるかもしれない。

しかし、「正義とは何か」「真実とは何か」を追求している税理士は消えないと思っている。

ロータリークラブは単なる社交団体とは違うのか

「通達」をみていても、なぜそのような取扱いが定められているのかすぐにはわからないようなものも少なくない。例えば、法人税基本通達9－7－14、9－7－15では「社交団体の入会金」、「社交団体の会費等」が定められているが、その後に9－7－15の2として「ロータリークラブ及びライオンズクラブの入会金等」が定められている。

このように別に定められているということは、ロータリークラブやライオンズクラブが単なる「社交団体」とは異なると考えられているからだとわかるが、いったいなぜこのような建てつけになったのか。

実は、ロータリークラブの会費等については、複雑な経緯があって現行通達の取扱いに落ち着いたものであり、法人がロータリークラブやライオンズクラブの会費を負担した場合の取扱いについては、昭和55（1980）年に新設されたものである（昭和55年直法2－15）。昭和44（1969）年の基本通達全文改正により、社交団体（社交クラブ）の会費等の取扱いが明確にされたことに伴い、その後昭和55年までは、これらの2団体の会費は、社交団体の会費の取扱いを準用していたのである。

しかし、ロータリークラブやライオンズクラブの会員の会費を他の社交団体の会費と同じように取り扱うことについては、これらの2団体としては不満であったようである。これらの団体の存立目的は、会員相互の話し合いによる社会連帯の高揚や社会奉仕等であることから、他の社交団体と同様に「社交団体として取り扱われるのではたまらない」というわけである。

確かにこれらのクラブは産業別の個人事業主や法人企業の経営者等を会員として構成され、前記のような目的で活動していることは事実であるが、入会金や経常会費の大半は、定期会合における食事代として使われていることが実情であり、入会金を負担している法人の側からみれば、これらのクラブが掲げるその存立目的とはやや肌ざわりが異なり、その会合に参加する機会を通じ種々の業界関係者等の懇親を深めることを目的として入会しているという側面も否

図表　ロータリークラブの会費等の取扱い

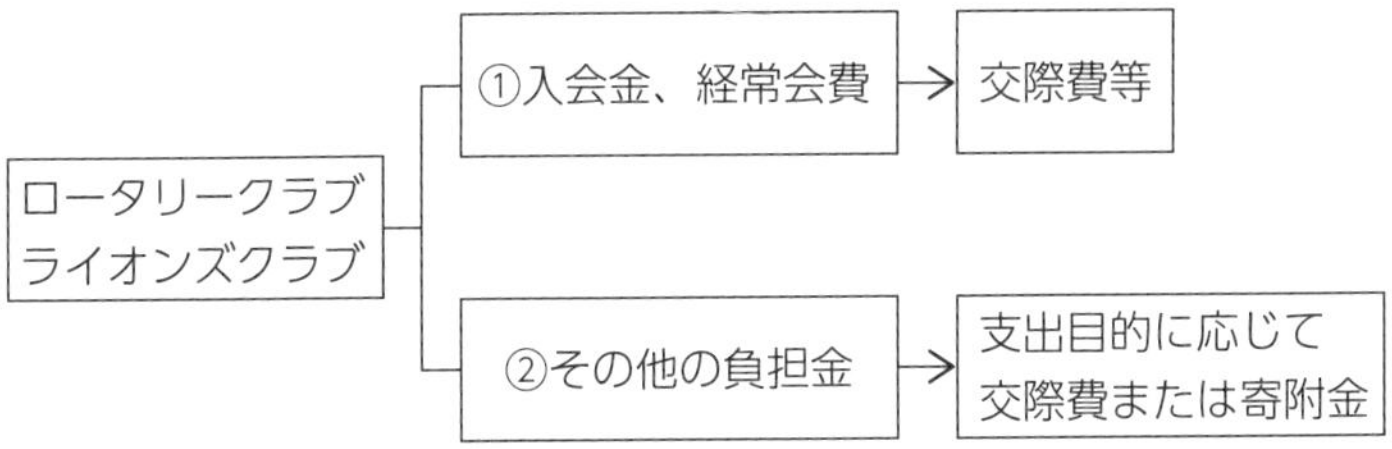

（注）②は特定の役員または使用人が負担すべきものは給与とする。

定できない。

そこで、他の社交団体とは別に取扱いを定めるが、その内容については、会の実態に即応するものとしようという考え方で、昭和55（1980）年に追加されたのが現行の法人税基本通達9－7－15の2である。この通達では、ロータリークラブ、ライオンズクラブの入会金、会費については支出した事業年度の交際費等とすることとしている。

また、臨時に徴収される会費については、その費途に応じて交際費、寄附金とするが、会員である個人が負担すべきものについてはその者に対する給与としている。

なお、青年会議所は産業別の企業経営者の第2世代が会員となり、その後長じてロータリークラブやライオンズクラブの会員となるケースが多い。このような意味からすれば、青年会議所の会費もロータリークラブやライオンズクラブの会費と同じように取り扱ってよいのではないかという考え方もあろう。

しかし、青年会議所は、会費も割安であるし、講演活動を積極的に行うなど、その使途も交際費等に当たるような支出に充てられる部分は少ないようである。このような実情からみれば、ロータリークラブやライオンズクラブのように頭からその会費を交際費等にするという取扱いでは問題がある。

このため、青年会議所の会費については、画一的な取扱通達を置かず、それぞれの実態に即応した取扱いをすることにしている。

実は一律『賞与』扱いだったロータリークラブ会費

と、ここまでの内容であれば、法人税基本通達等の昭和55年12月改正に係る役所の解説や『法人税基本通達逐条解説』などを読めばちゃんと書かれてある。

先ほど、「昭和44年の基本通達全文改正により、社交団体の会費等の取扱いが明確にされたことに伴い、その後昭和55年までは、これらの2団体の会費は、社交団体の会費の取扱いを準用していた」と述べたが、では昭和44年以前はどうであったのかと気にされる方もいるのではないか。

実は、この全文改正以前はロータリークラブやライオンズクラブ（さらには青年会議所）の入会金等に関する個別通達が設けられていた。昭和44年改正で社交団体の取扱いが新設されたことにより、これらの個別通達は廃止されたのである。

はじめに定められた取扱いは昭和28年直法1－76（以下「昭和28年通達」という）で、ここでは、次のようになっていた。

一　法人が、国際ロータリー加盟の各地のロータリークラブの会員である自己の役員又は従業員のためにその入会金又は会費その他該当クラブに要する費用を負担した場合には、当該負担した費用に相当する金額は、会員たる役員又は従業員に対する賞与とすること。

二　法人が、ロータリークラブの会員である自己の役員又は従業員が当該クラブの代表者として会議その他のために出張する場合の当該出張に要する金額を支出した場合においても、一により取り扱うこと。

ここでは、ロータリークラブの入会金、会費については、法人固有の費用とするのではなく、あくまで役員、使用人が負担すべきものとする認識から、これらの者に対する「賞与」としていた。

ところで、ロータリークラブは、一業種一代表の原則が守られており、事業を営む法人の役員または使用人としての地位に基づいて入会しているという実情があるので、すべてを給与として取り扱うことは実情に反するという意見が生じた。

このため、昭和29年直法1－50（「ロータリークラブの入会金等の特例」、以下「昭和29年通達」という）によって、次のように取り扱うことに改めたのである。

「法人が負担したロータリークラブの会費等に対する法人税及び所得税の課税上の取扱については、昭和28年6月30日付直法1－76『ロータリークラブの会費等の取扱について』をもって通達したところであるが、当該クラブの会員のうちには、単に法人の役員又は職員たる地位に基いて入会していると認められる者もあるから、入会費及び経常会費だけについては、これを法人が負担した場合においては、右通達にかかわらず法人の計算を認めることとしたから、今後処理（審査又は再調査の処理を含む。）するものから、これにより取り扱われたい。」

ただ、この「法人の計算を認める」という表現について、実務家の間や税務の第一線では「いかなる場合であっても単純損金となる」と受け取る向きも生じたので、昭和33年直法1－211（以下「昭和33年通達」という）において、次のような注意事項を明らかにした。

① 昭和29年通達は、原則として、会員全部に対する入会金および経常会費について適用されるが、その会員が法人の役員または職員たる地位に関係なく、個人的地位に基づいて入会していることが明らかである場合においては、同通達の適用はなく、昭和28年通達が適用される。

② 昭和29年通達の「法人の計算を認める」ということは、法人が役職員に対する入会金等を

損金としている場合においては、その損金性を認めるという意であって、法人の支出科目をそのまま認容するということではなく、それがいかなる性質の損金であるかは別問題であり、その入会金等の性質上交際費として取り扱うべきであると考える。

③　昭和29年通達の適用のあるのは入会金および経常会費だけであるから、クラブがパーティー、晩さん会その他の催物を行った場合に出席した会員から特別に徴収するような特別会費については、昭和28年通達により取り扱われる。

つまり、昭和28年通達では一律に役員または使用人に対する賞与としていたものを、昭和29年通達では「法人の計算を認める」という取扱いに変えたために混乱が生じてしまったことから、次のような整理をしたのである。

①　法人の役員等の地位に基づいて入会したものではなく、「個人的地位」に基づく入会であるときは、依然として給与とする。

②　法人の役職員として入会している場合の入会金、経常会費は交際費等とする。

③　クラブパーティー費等については、役員、使用人に対する給与とする。

なお、この取扱いとともに昭和33年直法1－213通達では、ライオンズクラブの会費についても、法人の役員または使用人としての地位に基づいて入会した場合の入会金、経常会費の法人負担額については交際費とし、個人的地位に基づいて入会した場合には賞与とすることを明らかにしている。

こうした経緯の中で現行の通達に落ち着いていることがおわかりいただけたかと思う。法律が変わらずとも、一律給与という取扱いが、単純損金と捉えられたり、交際費となったり…。

通達は、あくまでも法解釈（それも課税庁サイドの！）であるから、常に変わっていくものである。それも、納税者との会話・対話の中から適切なものになっていく。通達を法律のように絶対的なものと考えるのはやめ、行為や取引の実質を見極めて判断しよう。

15 課税される意味
――SDGs時代に寄附金課税をみつめなおす

私は若い頃から税務当局を怖いと思ったことがない。課税要件を満たしているのに申告をしていなかった時は、納税者であるクライアントが悪いのだから素直に修正申告を出す。逆に税務当局の言い分に誤りがあれば、納税者の言い分を主張して修正はしない。

「先生の言い分が正しいのか、税務当局の考え方が正しいのか聞いてみましょう」と税務署から言われる場合があるが、税務当局の見解が正しいとは限らないから更正を受けて、国税不服審判所に審査請求をし、場合によっては訴訟となることがある。しかし、今まで敗訴したことはない。

私が税務調査で「勘弁してください」と決して言わないのは「課税要件を具備しているか否

か」を問題視しているからである。

このような立場をとっていれば、税務調査は決して苦しいものではない。「課税要件を具備しているか否か」を考えるうえで、法の趣旨というものも重要になる。例えば、税務調査でも問題になることが多い寄附金を例に考えてみると、そもそも日本ではなぜ寄附金を損金の額に算入しないのか、というように課税の原点を確認することがまず肝要である。

■寄附金課税の趣旨

法人税上の寄附金の損金算入についての規制措置は昭和17（1942）年2月の旧臨時租税措置法の改正によって設けられた。創設の当時は太平洋戦争の最中であり、法人に課される税率が非常に高率であったことから、法人の寄附金が激増していた。この法人の支出する寄附金を全額損金算入するとすれば国の財政収入の確保を阻害するばかりではなく、寄附金の出捐による法人の負担が法人税の減収を通じて国に転嫁され、課税の公平上適当ではないとする考えにより、寄附金の損金算入に規制を行ったのである。もっとも、戦時立法であるところから、国防献金については全額損金の額に算入するなど、戦費を調達する一手法の側面も少なからずあったように思われる。

しかし、時代とともに課税の趣旨が不変であるなどと考えてはいけない。現行の法人税法においても損金算入の規制を行っているのは、財政収入の確保や課税の公平の見地からだけではなく、費用収益対応の所得計算原理が大きく影響していると考えるべきであろう。

すなわち、寄附金は反対給付がなく、個々の寄附金支出について、これが、法人の事業に直接関連があるものであるか否か明確ではなく、かつ、直接関連のあるものとないものを区分することは事実上極めて困難であるから、一種の形式基準によって事業に関連あるものを擬制的に定め（損金算入限度額）、これを超える金額を損金不算入としているのである。

ある時に、アメリカの会計士に「日本の税法はおかしいですよ。親会社が子会社を支援すると寄附金課税としますね。親会社が子会社を支援するのは当然の支出ではありませんか。」と指摘されたことがある。「親会社が子会社を支援しても、２つの会社は異なった人格だから寄附金です」という私の説明は通用しなかった。

アメリカの内国歳入法典162条(a)項では、「いかなる営業若しくは事業であれ、その遂行に当たり、課税年度において支払われ又は発生した全ての通常かつ必要な経費は、控除として許容されるものとする」としている。つまり、アメリカでは「通常かつ必要な経費」（ordinary and necessary expences）を損金の額に算入することとされている。

一方、わが国ではこのような基準によらず、会計処理基準に委ねているだけである。その会計基準が損金性の判断基準としてあまり役に立っていない。

なお、アメリカでは、税法上の定めがない場合であっても、他の法律によって支出自体が不法であるものとして支出を禁止することが示されているものについては、公序に反する結果が生ずるので控除が認められないとしている（公序の理論（パブリック・ポリシー））。

■見識ある自己利益

日本海の沿岸でロシアのタンカーが座礁し、海岸線が油だらけになり、沿岸の住民が総出でこれをふき取っていた時に、私のクライアントがタオルを数万本寄贈したことがあった。この費用に対して、税務調査官は損金性がないと指摘した。この時、私はこう答えた。

「君は〝見識ある自己利益〟という言葉を知っているかね」

アメリカでは、「企業の社会貢献活動・文化芸術支援活動を促進することは、企業が利潤を追求する行為と矛盾するものではない」とされている。日本では、個人の必要経費を「収入を得るために直接要した費用」としているが、個人はその活動をすべて事業に向けているわけではないので、このように規定しているだけで、法人では「一般に公正妥当と認められる会計処理の基準」で損金性が判断されている。しかし、現在の会計基準の水準で損金性を判断することは困難だ。法人はその活動のすべてを通じて剰余を生み出そうとしており、その活動の中で剰余を減殺するものが存在する限り、それが収益を生むために直接必要であったか否かを問わず損金の額に算入されるべきであろう。

損金不算入とすべきものを法律に明記することは、実務的処理としては明確になるが、「なぜ、損金不算入なのか」という規定の趣旨が論議されない（それゆえに本質的には損金に算入すべきものまで形式的にはじかれてしまう）というマイナス面もある。

経営学の分野では、ＣＳＲ（Corporate Social Responsibility：企業の社会的責任）という言葉が定着し、法的責任、経済的責任、倫理的責任、社会貢献的責任の重要性が認識されている。最近では、サステナブルな企業価値の創造といったことが重視され、ＳＤＧｓ（Sustainable Development Goals：持続可能な開発目標）への取組みが企業レベルでも進んでいる。投資家サイドもＥＳＧ（環境・社会・ガバナンス）を重視し、企業にそうした取組みや開示を求めている。

その根底にあるのは、社会が存在してこその企業であり、企業は営利法人といえども社会的な存在であるから社会的費用を負担せざるを得ないという考え方である。そして投資家サイドにも、そのようなサステナブルな企業にこそ投資を行おうという考え方が定着しつつあるのだ。

「環境との調和」や「コーポレートガバナンス」「社会貢献」を評価対象に加えた事業や人事の評価制度を導入する企業もある。こうした視点を評価に組み込むのは、経営理念と業務活動の方向性を一致させるのが狙いである。収益目標の追求という観点から短期的にみれば利益相反しかねない環境配慮や社会貢献を、中長期的な企業価値の向上という観点から、つまり「見識ある自己利益」のため重要視するのである。

例えば「環境」では、二酸化炭素の排出削減につながるような技術開発、産業廃棄物削減などが評価対象となり、「社会」ではサプライチェーンのリスク管理、労働環境の改善などが評価の対象となる。そのような時流の変化を受けて、投資家サイドも企業を財務数値だけで評価せず、非財務情報の開示を求めている。

租税の分野ではまだ議論が進んでいるようには思えないが、CSRやSDGsといった視点から寄附金の損金性も考え直す必要があるのかもしれない。企業の「利益」とは何か、「見識ある自己利益」とは何かについて、問い続けなければいけない。

なお、前述のタオル贈与事件は、私の説明に調査官が納得し寄附金課税はされなかった。税務調査で相手を納得させることができれば訴訟などは必要ない。笑って解決できるのである。

16

立法作法に厳しいまなざしを
――役員給与の損金不算入規定

税理士として、税務調査など「執行」の場面で、課税要件が示されているか、租税法律主義に則っているかなどと考えて行動することは当然だが、時に「立法」の段階から声をあげなくてはならないこともある。なぜなら、税法を書く財務省の官僚たちは税収をあげることや効率よく執行することを第一に考えているからである。それに対して、租税における民主主義の門番たる税理士は、納税者にわかりやすく、公平でかつ正当な制度となっているかどうか、お上の立法作法に絶えず目を光らせておかなければならない。

役員給与の損金不算入

これまでも何度も言い続けてきたことではあるが、このような立法作法に反する例として、役員給与の損金不算入規定の問題がある。

法人の役員は資本主によって選任され、その委任に基づいて業務を執行する（会社法329・330）立場にある。税法では、役員がこのような特殊な地位にあることも配慮して、その給与の損金算入について次のような規制（法法34）を設けている。

（1）役員給与（❶退職給与で業績連動給与に該当しないもの、❷使用人兼務役員の使用人分給与、❸（3）の適用があるものは除かれる）のうち次のもの以外は損金の額に算入しない。

① 定期同額給与
支給時期が1月以下の一定の期間ごとである給与で、その各支給時期における支給額が同額であるものその他これに準ずるものとして政令で定める給与

② 事前確定届出給与
その役員の職務につき所定の時期に確定額の金銭または確定した数の株式等を交付する旨の定めに基づいて支給する給与（定期同額給与および業績連動給与を除くものと

図表　役員給与税制の概要（法人税法34条、平成29年度改正後）

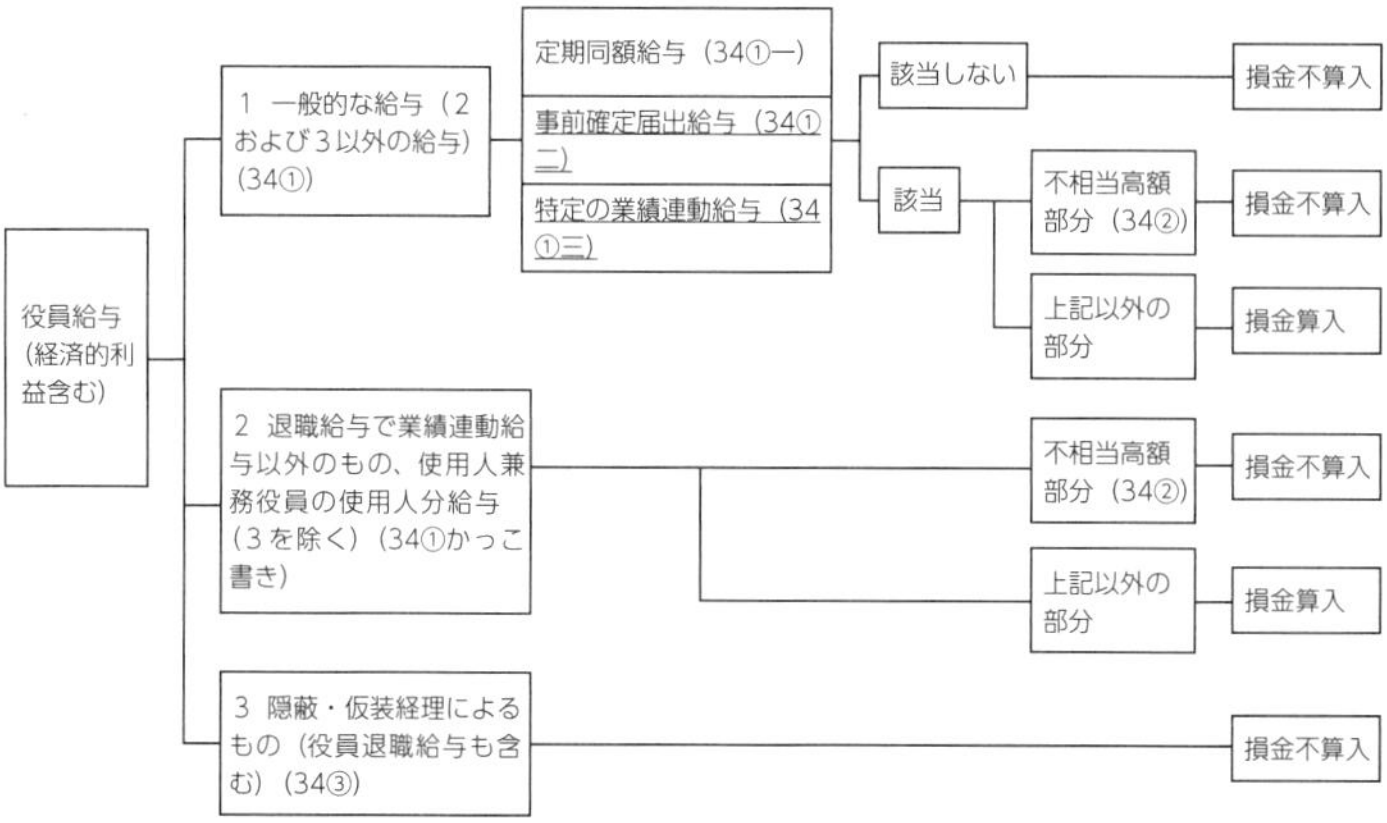

＊役員退職給与の損金経理要件は平成18年改正で廃止された。
＊（　）内の数字は法人税法の条文番号

し、定期給与を支給しない役員に対して支給する給与以外の給与にあっては納税地の所轄税務署長に届出をしている給与に限る）

③業績連動給与

利益に関する指標、株式の市場価額の状況を示す指標、売上高の状況を示す指標を基礎とした客観的なものであり、一定の要件を満たすもの

（2）過大な役員給与、過大な役員退職給与は損金の額に算入しない。

（3）事実を隠蔽し、または仮装して経理した役員給与は損金の額に算入しない。

（4）使用人兼務役員の使用人分給与については損金の額に算入される。

このような役員給与の損金算入要件が定められたのは、平成18年度税制改正においてである。この改正について、財務省の説明では、「改正前は、役員に支給する給与が定期のものか臨時的なものかという支給の形態によって損金算入の可否を区別していたが、改正後は、役員給与がその職務執行前にあらかじめ支給時期・支給額が定められていたものに基づくものであるか否かによって損金算入の可否を区別することとされた。」[*1]としていた。

ここでいう「職務執行前にあらかじめ支給時期・支給額が定められている」形態として挙げられたのが前述の3区分（①定期同額給与、②事前確定届出給与、③業績連動給与（平成18年度改正当時は「利益連動給与」））である。①定期同額給与は、その支給形態から事前の定めに基づいて支給されているものと認められる点、②事前確定届出給与は、税務署長への届出により事前に定められていることが確認できる点、③業績連動給与は、有価証券報告書等への開示により支給額の算定方法が事前に定められている点がそれぞれ考慮されている。

しかし、筆者は、役員給与の損金性について、職務執行前にあらかじめ支給時期、支給額が定められているか否かで判断することは適当ではないと考えている。役員給与の損金性は、やはりその給与の性格から判断すべきである。もちろん、平成18年度改正前の旧法下では定期か

＊1　小崎純弥「法人税法、租税特別措置法等（法人税関係）の一部改正」『税務弘報』2006年6月臨時増刊号（第54巻第7号）66頁。強調部分は筆者による。

臨時かという支給形態から区分するという前近代的な規定となっていたため、これは早急に是正するべきであり、そのチャンスが会社法の制定に基づく法人税法の改正のタイミングであった。

しかし、すでにお気づきのように、この平成18年度改正では、給与の支給形態でその給与の性格を判断するという不適切な状態は是正されなかった。前述のようにこの改正では、「あらかじめ支給額と支給時期が定められた役員報酬・賞与」と「算定手続等の適正性・透明性が確保された業績連動型報酬・賞与」を損金の額に算入することにしたとされている。しかしその実、別段の定めとして役員給与を原則損金不算入としているのである。その理由として恣意性排除（財務省）を挙げているものの、これは理論的に問題がある。

なぜなら、役員給与は役員の法人に対する役務提供の対価であるから原則はあくまで損金の額に算入されるべきで、一定のものを別段の定めとして損金不算入とする立法は認められうるが、現行法のように役務提供の対価である役員給与を原則損金不算入とし、損金の額に算入されるものについてだけ明記するような立法手法は認められるものではない。

１日も早く法改正を行うべきであろう。

■役員給与は原則損金不算入か

法人税法第34条の規定について財務省では次のように述べている。[*2]

「法律の条文見出しが、『役員給与の損金不算入』となったことから、法人税法上は役員給与が原則損金不算入となったのではないかと指摘する向きもありますが、法人税法の構造として、第22条の別段の定めを規定しようとする場合には、このような見出しや構成内容とならざるを得ないものであって、そもそも役員給与を原則損金不算入と考えているといったことではない」。

また、税の実務誌や日税連の機関紙（『税理士界』）でもこれにならって同様の解説を載せており、役員給与は原則損金不算入としたわけではないという主張が平成19（2007）年頃、異常な形で急激に増えていた。しかも、そうした解説記事で用いられているロジックも、事例等も財務省の説明と全く同じであり、何らかの「力」が働いているようにしかみえない。

＊2　「平成19年度の法人税関係（含む政省令事項）の改正について」『租税研究』日本租税研究協会、平成19年7月、23頁。

法人税法第22条第1項は、法人の各事業年度の所得金額を「当該事業年度の益金の額から当該事業年度の損金の額を控除した金額」と定める。ここでいう損金の額を定めるのが、同条第3項である（強調筆者）。

「3　内国法人の各事業年度の所得の金額の計算上当該事業年度の損金の額に算入すべき金額は、**別段の定め**があるものを除き、次に掲げる額とする。

一　当該事業年度の収益に係る売上原価、完成工事原価その他これらに準ずる原価の額

二　前号に掲げるもののほか、当該事業年度の販売費、一般管理費その他の費用（償却費以外の費用で当該事業年度終了の日までに債務の確定しないものを除く。）の額

三　当該事業年度の損失の額で資本等取引以外の取引に係るもの」

役員給与は、別段の定めが設けられており、この第3項の第1号〜第3号の規定が適用されないことになる。前述の財務省の解説のとおり、「別段の定め」で手当てされている。そしてその定めこそが、先述の法人税法第34条（「内国法人がその役員に対して支給する給与（略）のうち**次に掲げる給与のいずれにも該当しないものの額は**、その内国法人の各事業年度の所得の金額の計算上、**損金の額に算入しない**。（以下略）」）ということになる（強調筆者）。

この規定ぶりから、「法人税法第22条第3項からみて役員給与は原則損金であり、第34条に

より例外として損金に不算入となるものが規定されている」などと読み取ることはできるだろうか。私は、法人税法第34条の第1号～第3号（定期同額給与、事前確定届出給与、業績連動給与）以外は実質的に損金不算入となってしまうことを「原則損金不算入」と指摘しているのである。立法技術上、このように規定しなければならなかったというのは立法者の言い訳にすぎず、そして、多くの実務家は、損金の額に算入すべき役員給与を、原則損金不算入とする別段の定めとして規定したことを（違法と言えないまでも）立法作法に反すると考えているのである。

悪法も法なり

財務省に勤務していた者からも次のような批判がある。*3

「平成18年度改正により、『役員給与』を恣意性排除を理由として原則損金不算入としたり、事前確定届出給与の仕組みを導入する等の改正が行われましたが、理論的にも問題があり、法制及び実態も十分に踏まえていない同改正には、多分に疑義があるため、改正の内容を再検討し、制度のあり方を抜本的に見直す必要があります」。

ここでいう「恣意性排除」とは、節税をもくろむ納税者が役員給与を利用して租税回避を図る事例があるから、いっそ役員給与を損金不算入とし、一定のもの（定期同額給与、事前確定届出給与、業績連動給与）だけを損金算入とすれば租税回避を防止できるという岡っ引き的な発想で書かれていることを意味しているのかもしれない。

財務省はすべての役員給与が第1号～第3号に収斂するとでも考えているのだろうか。財務省の想定していない形で役員給与を支給したり改定したりすると損金不算入となってしまうことをどう考えているのだろうか。役員給与は、役員の法人に対する役務提供の対価であるから原則はあくまで損金の額に算入されるべきで、一定のものを別段の定めとして損金不算入とする立法は認められよう。しかし、役務提供の対価である役員給与を原則損金不算入とし、損金の額に算入されるものについてだけ規定するというやり方は、租税法の立法として認められるものではない。

ところで、平成23（2011）年11月9日の第16回税制調査会に日税連が提出した平成24年度税制改正に関する重点要望事項では次のように書かれている（傍点・強調筆者）。

＊3　朝長英樹「法人税制改革に向けて―取り組むべき課題の概要―」『税経通信』2007年7月号（第62巻第10号）118頁。

「平成18年5月に施行された会社法は、利用者の視点に立った規律の見直し、会社経営の機動性・柔軟性の向上、会社経営の健全性の確保等を理念として、会社に関する各種制度の見直しが行われたものである（法務省民事局）。そして、役員報酬及び賞与は役員給与として包括的に規定され、会計上も職務執行の対価として費用性を認めている。これに対して、法人税法では恣意性と利益調整を排除する観点から、役員給与を原則損金不算入とし、損金の額に算入される役員給与を①定期同額給与②事前確定届出給与③利益連動給与に限定している。会社法と法人税法の理念や目的が必ずしも一致するものではないが、両者の規定ぶりには相当の乖離があり、国内企業がより発展するためにも、役員給与のあり方は根本的に見直されるべきである。

役員給与については原則として損金の額に算入されるものとし、損金の額に算入されないものを包括的又は限定的に法令に規定すべきである。」

これでは私の主張と同じである。日税連が私の考え方を理解するようになったことを喜ぶべきか悲しむべきか。法律は制定されるときに民間の意思によってチェックすべきで、理論的に問題があっても法律として制定されてしまえば、「悪法も法なり」であり、訴訟で争っても救済されない。法解釈と異なり、立法上の問題点は「法の支配」の理論で解決できないであろう。租税法律主義以前の問題のような気がしてならない。

税理士は行政のお手伝いではないので、立法や執行について正しい意見を述べるべきである。

17 経営の知恵と官僚の知恵

——減価償却の目的を考える

主税局が呑んだわけ

昭和39（1964）年頃の話である。午後5時半頃、主税局の職員たちが飲食店で顔を真っ赤にして「いやー嬉しいことがあったんですよ」などと呑んでいる。

「なんだい、嬉しいこととは」と尋ねるも、「それはねー」とだけしか答えない。

しかし、顔をみると少なくとも、3時頃から呑んでいるような出来上がりっぷりだ。「これはまずいところをみられてしまったなー」などというので、「それより『嬉しいこと』を教えてくれよ」と突っ込むと、「実は経団連がねー」と言うので、私は「よし、わかった。その後は言わなくてもいいよ」と深追いせずその場を離れた。

当時、経団連は残存価額10％を5％にするよう要求していた。しかし、政府としては残存価額10％を5％とするのではなく、新たに償却可能限度額を取得価額の95％とすることで経団連の了解を得たと言うのだろう。

当時の定率法の償却率は上の算式で定められていた。この場合、ルートの中の残存価額を5％とすると、耐用年数10年で償却率が約30％引き上げられ、税収は当時で4，000億円減ると試算されたが、残存価額には手をつけないで償却可能限度額で済ませれば、税収減が避けられる。そのようなわけで、主税局が大喜びしたのであろう。

図表　定率法の償却率—昭和39年当時

$$定率法償却率 = 1 - \sqrt[n]{\frac{残存価額}{取得価額}}$$

n = 耐用年数

償却可能限度額に理論などない

税制改革で法人税率を引き下げ、その財源として第2次改革（平成28（2016）年以前）で減価償却の方法を定額法に限定するというのが政府の考え方であったが、技術改革が激しく事業供用の初期に多額の償却費を計上したい企業にとっては定額法よりも定率法を採用したいという考えもありうる。

私がドイツの税制改革を研究するために平成19（２００７）年にドイツ首相府を訪れた際、私はMichael Sell氏（首相府経済総局次長）に「定率法の廃止は、単に税収を上げる目的によるものなのか。それとも、理論的に定率法より定額法が正しいという根拠があって、定率法を廃止するのか」と質問したところ「定率法より定額法が理論的かどうかはわからない。ドイツの一般的な税に対する考え方であるが、税金と国の財政は一体である。長期的に国が財政を維持していくためには、赤字をいつまでもひきずっているわけにはいかない」という答えが返ってきた。本当に正直で、日本の官僚や学者にはない素直さに好感が持てた。

これに対して、平成26（２０１４）年に日本の学者委員が中心となる政府税調の法人課税DGが取りまとめた「法人税の改革について」では、「減価償却方法の選択の柔軟性は、資産の使用実態に合わせた適切な減価償却費の計上が目的だが、実際はその時々の損益状況に応じた節税効果の観点から選択が行われているおそれがある。特に初期の償却限度額が大きくなる定率法は、所得操作の可能性を大きくする。また、同様の資産について同様の使用実態があるにもかかわらず、法人によって減価償却方法が異なるという不均衡を生じさせるおそれがある」とされていることは納得できない。本来は「定額法も定率法も理論的には正しい。税率引下げの代替となる財源がほしいから定額法に限定したい」と答えるべきではないか。

冒頭に述べたように、昭和39年度の税制改正の際、経済界から「実情に即さない残存価額10％は是正するように」と大蔵省（当時）主税局長に要求があった。しかし、残存価額を引き下げると、定率法の償却率が大きくなって巨額の税収減となることを恐れた主税局は、昭和39年度から残存価額とは別の「償却可能限度額」という概念を取り入れ、「残存価額が実情にそぐわない」という指摘に応えながら税収を減少させないという方法をとったのである。

このように、税制改正に際して残存価額はいかにあるべきかという基本的議論を避け、残存価額を引き下げた場合の税収減にどのように対処するかという当時の大蔵官僚の悪知恵として考え出されたのが「償却可能限度額」であるから、諸外国にはこのような概念はない。

減価償却は投資の回収か、費用の配分か

大学の経営学部の教授（会計学）に「減価償却とは何か」と質問すると、「期間損益計算上の手続で、損益計算上の区切られた期間（事業年度）の費用配分です」と返ってくる。

現在は「デジタル化」「グローバル化」「業際化」が進んでいるが、市場の製品が短命化している。市場を創造するイノベーションが求められている中で、機械装置を使用可能期間にわたって費用化するという考え方でいいのかと聞くと、皆だまってしまう。

例えば、「テレビを作る機械が10年使用できるという場合には10年で費用化するのか」と聞くと「そうです」と答える。

これに対して、私が「減価償却は、設備等の減価償却資産に投下した費用の回収手続であり、次期以降の投資に備えたものであると考えられませんか」というと会計学の先生は驚いた顔をする。

さらに私が「効用持続期間よりも、企業が投資した資本を何年で回収するかという発想はないのか」と聞いてみると、きょとんとしている。「テレビを作る機械は10年もつが、新しい形のものが3年後に作られるとすれば、3年で回収するという考え方はないのか」というと「会計ではそのような考え方はありません」と答える。

減価償却の目的

減価償却は、何を目的として行われるかという点について大別すると、前述のように2つの考え方がある。

① 期間損益計算上の手続で、損益計算上の区切られた期間（事業年度）の費用配分

② 減価償却資産に投下した費用の回収手続で、次期以降の投資に備えたもの（内部留保）

②の考え方に従えば、期間ごとの計算を必要とするものではなく、設備等の再調達資金を可能な時に回収すればよいとされるだろうし、時価で回収しなければならないこととなってしま

う。費用収益対応の原則および取得原価主義をとる現代会計においては、到底②の考え方によることはできず、適正な期間損益を測定するためには、①の費用配分説が通説となっている。

税法においても、一定期間（各事業年度）の適正な所得計算を行い、これに基づいて税を課するという立場から、期間損益測定のための手続であると認識されており、この点においては企業会計と合致している。ただし、税法では、はじめからこの考え方を貫いてきたかと言えば、そうでもない。税法の減価償却の取扱いの沿革はこの点でも興味がある。

(1) 国際的なイコールフッティング

さらに、①の考え方が、平成19年度税制改正によって変わってきたとする向きがある。

例えば、減価償却資産の耐用年数は、通常の維持、修理を行った場合の物理的年数を基礎とし、さらにこれに経済的陳腐化を加味した効用持続期間によって定められるとされてきたが、近年では、効用持続期間よりも、企業が投下した資本を何年で回収するかという発想で耐用年数が定められるようになった。

平成19年度税制改正で次の資産の法定耐用年数が短縮されたのもこのような考え方によるものだった。

① フラットパネルディスプレイ製造設備　5年（改正前10年）
② フラットパネル用フィルム材料製造設備　5年（改正前10年）

③　半導体用フォトレジスト製造設備　5年（改正前8年）

②のフラットパネル用フィルムは液晶・プラズマテレビに使うもので、日本、米国、韓国が競合している分野である。耐用年数をみてみると、米国では5年、韓国では4年とされているのに対して、日本では10年とされており、この平成19年度税制改正では、国際的なイコールフッティング（対等の地位、競争条件の平等化）のためにも日本も耐用年数を5年（改正前10年）としたもので、会計学の旧い考え方（効用持続期間）では実務に対応できなかったのである。

これらの機械の効用持続期間は10年かもしれないが、その投資を5年以下の期間の中で回収できるように経営上の設計をしなければ、他の企業との競争に打ち勝つことはできない。このため、5年を国際的なイコールフッティングと考えなければならない。

(2)　東京地裁平成19年1月31日判決

また、減価償却を費用の配分とする旧来的な考え方では説明ができない裁判例も出てきている。例えば、東京地裁平成19年1月31日判決では、中部電力が行った火力発電設備の停止に伴う有姿除却*について、「既存の施設場所」で「固有の用途」が失われているので当該有姿除却は認められるべきであるとした。

この事件は、中部電力が、平成不況の影響により最大電力の伸び率が鈍化していたため、平成3～5（1991～93）年にかけて（最大電力需要に対して）供給力が過大となりつつあった。その後も、長引く不況による需要低迷に加えて、同8年以降、発電効率が極めて高い他の火力発電所の最新鋭の大規模発電設備が順次運転を開始したため、さらに供給力が過大となり、設備余剰の状態が一層顕著となっていた。そこで、中部電力は、発電所を有効活用することを目的に、平成10年度以降、低効率の既存発電設備について、年間を通じて運用を停止する長期計画停止を行い、それらの設備を有姿除却したのである。

このような事案でみると減価償却を単に費用の配分と考え、除却についても設備の廃止を前提とする考え方を採用することは難しい。実際に、航空機などをみても、過大な燃料を要するジャンボ機のようなものは、他に売却し、燃料効率のよい中型機が中心となった。こうした状況をみても、減価償却を「費用配分」と考える会計的発想は改めなければなるまい。

実務は大学のキャンパスの中で行われているものではない。経営の立場を重視しないと時代に遅れてしまうように思われる。

＊ 有姿除却とは、使用を廃止しているが、解撤、廃棄、破砕を行っていない資産についても、すでに固定資産としての命数や使用価値が尽きていることが明確なものについて、現状有姿のまま除去処理を認めようとするものである。

18

「お役所本」を疑え

――〝伝家の宝刀〟の中の租税正義

私たちが目にする実務上の指標としては、法律、政令、省令、通達などを挙げることができるが、このほか官僚やそのＯＢの書いた「お役所本」がある。

このうち、「お役所本」は法令ではないので私たち税理士はこれに従う義務はないが、調査官にとっては上司や先輩が書いたものなので法律以上に尊重されることがある。

「この考え方は、私たち調査官の間では法解釈の正当なあり方として受け継がれているものです。」

税務調査の中で、調査官は「お役所本」の記述を「当然のこと」として疑わない。税務の世界ではこれらのお役所本が「従うべきもの」として通用しているのだ。ところが困ったことに、このお役所本には少なからず誤りや問題がある。とは言え、前述のような事情で税理士が条理で立ち向かっても容易に崩すことができないものだ。

一昔前は、著者の肩書が付いたものも出版されており、ほとんど役所の公式見解のようになっていた。民間がこれに立ち向かうには訴訟するしかなかった。

最近では肩書こそ掲げられていないが、それでも「お役所の見解」として幅を利かせている。税務上の取扱いを修正する際に、通達は見直さず、「お役所本」を改訂するだけで済ませてしまうといった都合のよい方法が使われているのである。民間としては官を恐れずに主張すべきことはしっかり主張すべきであろう。ここから正しい会話が生まれるかもしれない。

伝家の宝刀

「利子認定はしないことになっていますよ。」

パチンコ店の社長に対して無利息で法人が貸し付けた事件について、ある国税ＯＢがこのように主張した。

「だって、貸付金利子は3、000億円にもなっていますよ。それなのに、利子否認を行わないなんて…。」

「いや、東京国税局の所得課税の課長が監修した本に『利子を受け取っていないものに認定課税はしない』と書いてあるのですよ。」

「利子をもらっていなければ、『同族会社等の行為又は計算の否認』規定で課税されるはずですが。」

「だって所得課税課長が利子認定はしないと書いているのです。」

「私はお役所本よりも、税法のあり方を信じますね。」

「調査官は上司の書いた本を信じますからね。」

＊＊＊

まるで立場が反対かのような会話である。税を取るべきだというのが納税者の主張で、取らないというのが役所にいた人間の主張なのだ。

課税庁の持っている否認規定の中で、「伝家の宝刀」と呼ばれるものがある。ある租税回避行為について、それを否認する個別の規定が設けられていなかった場合でも、「課税の公平のために」否認することができる旨が書かれた規定のことであり、こうした規定は、包括的否認規定などと呼ばれる。

例えば、法人税法第132条では、同族会社の「行為又は計算で、これを容認した場合には法人税の負担を不当に減少させる結果となると認められるものがあるときは、その行為又は計算にかかわらず、税務署長の認めるところにより、その法人に係る法人税の課税標準若しくは欠損金額又は法人税の額を計算することができる。」と規定されている。

こうした包括的否認規定は、法人税法第132条のほか、「組織再編成に係る行為又は計算の否認」（法法132の2）と「連結法人に係る行為又は計算の否認」（法法132の3）がある。この2つの規定は官僚が「否認するため」に条件作りをしたものであるから、訴訟などのケースでも納税者は不利な戦いを余儀なくされる。

「不当に」の解釈

さて、「同族会社等の行為又は計算の否認」規定で最も重要なのは「法人税の負担を不当に減少させたか否か」の解釈である。この規定は、非同族会社等であれば通常行うことができないような行為を、「同族会社等」なるがゆえにこれを行い、その結果として法人税の軽減という不公平が生ずると認められるときに適用されるものである。

この規定の中に「不当に」という文言がある。実は、この文言の解釈について2つの対立した考え方がある。

その1つは、同族会社の行為・計算を否認するか否かは税務署長の裁量に属するが、「不当」であるか否かまでは税務署長の裁量に委ねられているわけではなく、「不当」というのは、この条文の趣旨から非同族会社との比較で判定されなければならない、との解釈である。この場合、その行為・計算を行った同族会社と業種、業態、規模等の類似する非同族会社を具体的に示す必要がある。これを示すことによってはじめて、非同族会社であれば、そのような行為・計算がなされなかったことが立証され「不当」ということになるのだ。

もう1つは、この規定の趣旨は同族会社によって容易に行われがちな行為・計算によって租税の負担を免れることを防止するものであるから、規定適用の判断基準は、その行為・計算が経済的観察において実情に合目的的に適したものか否か、経済的事情からみて正常か異常か、合理的であるか否かによってなされなければならない、という解釈である。

前者によるときは「不当」を具体的な比較法人を示して立証しなければならないのに反し、後者の場合は経済的合理性がないことを立証すればよいことになる。後者の考え方によれば、課税庁は訴訟において取引の非合理性を指摘し、合理的計算に引き直して所得計算を行えばよく、非同族会社の取引事例を示す必要がないので訴訟における負担は大幅に軽減される。

現に、次のような判示がある（福岡高判昭55・9・29）。

「(法人税法第132条1項の規定は) 法人の選択した行為、計算が実在し私法上有効であっても、いわゆる実質課税の原則及び租税負担公平の原則の見地から、これを否認し、通常あるべき行為、計算を想定し、これに従い税法を適用しようとするものであることにかんがみれば、『法人税の負担を不当に減少させる結果になる』と認められるか否かは、専ら経済的実質的見地において、法人の行為、計算が経済人の行為として不合理、不自然なものと認められるかどうかを基準として判断すべきものである。これを法人の製品販売の行為、計算についてみれば、その販売価額が通常の販売価額（時価）に比し異常に低価であって、経済的取引としては不合理、不自然と認められるかどうかがその判断基準とされるべきである。」

また、最近の事例としては、同族会社である外国法人からの借入れに係る支払利息の額を損金の額に算入して申告したところ、当該支払利息の損金算入は原告（ユニバーサルミュージック社）の法人税の負担を不当に減少させるものであるとして否認された、ユニバーサルミュージック事件（東京地判令元・6・27）がある。東京地裁の清水知恵子裁判長は以下のように判示した。

「『これを容認した場合には法人税の負担を不当に減少させる結果となると認められるもの』に該当するか否かは、専ら経済的、実質的見地において、当該行為又は計算が純粋経済人として不自然、不合理なものと認められるか否か、すなわち経済的合理性を欠くか否かという客観的、合

理的基準に従って判断すべきものと解される。（略）

税務署長が法人税法132条1項の適用に当たり、会社の経営判断の当否や、当該行為又は計算に係る経済的合理性の高低をもって『不当』か否かを判断することができるとすれば、課税要件の明確性や予測可能性を害し、会社による適法な経済活動を萎縮させるおそれが生じるといわざるを得ない。したがって、当該行為又は計算が当該会社にとって相応の経済的合理性を有する方法であると認められる限りは、他にこれと同等か、より経済的合理性が高いといえる方法が想定される場合であっても、同項の適用上『不当』と評価されるべきものではない。」

この判決では、本件の借入れが原告であるユニバーサルミュージック社に不当な不利益をもたらすものとはいえないから、これらが原告にとって経済的合理性を欠くものであったと認めることはできないとして、原告の訴えを認めた。なお、控訴審である東京高裁令和2年6月24日判決（秋吉仁美裁判長）においても、控訴は棄却され、納税者勝訴を維持している。

租税正義を求めて

これに対して、パチンコ機メーカーの社長が会社に3、455億円を貸し付け、利息を徴収しなかったことについて同族会社等の行為計算否認規定を適用して更正した事件（平和事件）では、納税者は、課税庁職員および幹部の執筆した「お役所本」の中に、無利息で金銭の貸付けをした代表者は経済的利益を受けていないから所得税の申告をする必要がない旨が記述されていることなどを引用して反論した。

実際に、この平和事件の控訴審（東京高判平11・5・31）では、国税局勤務者が官職名を付して記載した解説書には、個人から法人に対する無利息貸付けについては課税されないとの見解が記載されており、納税者がその記載内容を税務当局の見解を反映したものと認識し、税務当局が個人から法人に対する無利息貸付けについては課税しないとの見解であると解することは無理からぬところであることなどから、納税者に対して過少申告加算税を課することが酷と思料される事情があると認められる旨が述べられていた。

しかし、最高裁（最判第三小法廷平16・7・20）は、まずこの同族会社等の行為計算否認規定の趣旨、内容について以下のように述べる。

「本件規定は、同族会社において、これを支配する株主又は社員の所得税の負担を不当に減少させるような行為又は計算が行われやすいことにかんがみ、税負担の公平を維持するため、株主又は社員の所得税の負担を不当に減少させる結果となると認められる行為又は計算が行われた場合に、これを正常な行為又は計算に引き直して当該株主又は社員に係る所得税の更正又は決定を行う権限を税務署長に認めたものである。」

そして、同規定のこうした趣旨、内容から考えて、当該事件の無利息貸付けに同規定の適用があるかどうかについて、「貸付けの目的、金額、期間等の融資条件、無利息としたことの理由等を踏まえた個別、具体的な事案に即した検討を要するものというべき」としたうえで、次のように判示した（強調筆者）。

「本件貸付けは、3455億円を超える多額の金員を無利息、無期限、無担保で貸し付けるものであり、被上告人がその経営責任を果たすためにこれを実行したなどの事情も認め難いのであるから、不合理、不自然な経済的活動であるというほかはないのであって、**税務に携わる者としては、本件規定の適用の有無については、上記の見地を踏まえた十分な検討をすべきであったといわなければならない。**」

自由職業人たる税理士は、法解釈について「お役所本」を頼りにして、わからないことがあると税務署に教えを乞うようなことから脱却しなくてはならない。私たちは、「条理とは何か」「正義と言えるか」「公平と言えるか」といった判断基準をもとにこれらに向き合うべきではないか。

大切な人を想う心で税をみつめたい

平成5（1993）年1月号『日経マネー』に日経の記者の後藤直久さんが山本守之語録としてこんなことを書いてくれた。

「娘は自宅から会社に通っているのですが、家には食い扶持を入れさせています。もちろん、そのお金は娘の名前で預金していますが、こうした状態で私がポックリいきますと、親が通帳と印鑑を管理しているというので、相続財産として認定課税される恐れもあります。現にそんなケースもあるのですが、私だったら税務署の調査官に上司に聞いてみろ、といいます。中年で、年ごろの娘のある上司の統括官なら、そんな不人情なことはいいませんよ。これが人間の感性というものです。」

要は親の愛である。大上段に構えて「人間の感性から税をみつめてみたい」というと、難しく聞こえるかもしれないが、そんな大げさなことではない。普通に生活をしていれば、ある時は笑い、ある時は泣き、怒り、なげき、苦しみ、よろこび、愛し、そして愛されることもあるだろう。人間はロボットではないので、税法を算式のような無機的なものと考えて、取引にそのまま当てはめて答えを求めても正解は出ない。その普通の生活の中で育まれた感性で、つまるところ「人を想う心」で税法を捉え、「租税正義とは何か」について、追求し続けることが大切である。

足が不自由だった父が私に自由とは何かを教えてくれた。父が働けなくなってしまった分、母が一家を養ってくれた。姉は若い頃から油だらけになって働き家計を助けてくれ、戦後は訪問着を売って滞納していた私の授業料を払ってくれた。そして兄も中学にも行かず働き私を高校に行かせてくれた。そうした愛情が私の感性を育んでくれたことはいうまでもない。

私は、結婚生活56年、常に、それもごく自然に妻に支えられて生きてきた。道を歩いていても、気づいたときには妻がいつも車道側にいた。フランスに税制視察に行ったときも、妻は体調が悪かったにもかかわらず「お父さんが仕事をしているときは私が支える」といって頑として休まない。帰国後に子宮がんを患っていることがわかったが、そのような体でも私を最優先に考えてくれた。子宮がんは全快したが、平成30（２０１８）年3月に再びがんと診断された。妻と娘、孫で軽井沢に出かけ、妻を励ますつもりでいたが、私は泣き虫になってしまい、そのときも妻は私を支える側にまわった。平成31（２０１９）年4月に妻は2階の寝室で転んだ私を自分の体で受け止めて腰を骨折してしまった。最後まで支えに支え続けてくれた。

妻は喜寿の祝いの会にこんな言葉を寄せている。

「おばあちゃんは沢山の財産（宝物）を持っています。

身近な宝物は山本守之さん、おじいちゃんと結婚出来て良かった。

皆が知っているようにおじいちゃんは法人税の神様と言われています。

日本の税法の神様です。」

身内びいきと笑われるかもしれないが、私を信じて一生支え続けてくれたのだ。結婚前に、「見てくれは悪いけど、中身は素晴らしい人だからセンスの良い服を着せてその中身を十分発揮できるようにサポートしていく」と妹の照子さんに話したそうだが、それを生涯貫き通した。

妻への感謝の気持ちをもって筆を置きたい。

おわりに

父山本守之が執筆した最初の本が出版されたのは昭和48（1973）年のことでした。以来、数多くの本を書かせていただきましたが、令和2（2020）年11月に他界したため、これが最後の本となります。執筆依頼を受けたのは同年2月でした。法人税や消費税、租税法の著書を多く手掛けてきた父にとって、この本の執筆依頼はちょっと変わった次のようなものでした。

「『消えゆく職業』に税理士が入っています。確かに税理士が記帳代行を業務の中心に置くと『そんな業務は機械がやるもの』と言われてしまうかもしれません。でも、なぜこの国が申告納税制度を採用しているのか、その裏付けとしての租税法律主義、それを支える税理士制度とはどんなものなのか。これからの税理士はどうあるべきなのか。山本先生の『税理士の生きざま論』を7万8千人の税理士、そして税理士を目指している皆に伝える書籍を作りたいのです。」

父は編集者土生健人氏からのこの依頼を受けて執筆に取りかかり、新型コロナウイルス感染拡大の最初の緊急事態宣言が出されていた5月11日に入稿しました。自分が関与した裁判例を多く書いたのですが、土生氏からは「裁判例（事件の解説）は先生の他の書籍や論文で読んでもらうことにして、税理士として日常の税務処理に向き合う心構えを書いてほしい」とのお話がありました。

さて、どうするか。6月から月に一度のペースで土生氏との打ち合わせが始まりました。雑談の時間のほうが長かったかもしれません。父は第3部に記載した裁判例をもっと詳しく書きたかったようですが、多くの会話の中で「若者（土生氏）の感覚というものを信じてみようか」と書籍の構成を大きく変えました。その結果、人間の感性をもとに税法を伝え、温かい家庭を大切にした父の生きざまをお届けする本となりました。最後の本にふさわしいものが仕上がったと思います。

第1部は自伝的な要素も盛り込み、第2部では昔を振り返る際に、WEB会議、電話、お手紙などを通じて、税理士の藤曲武美先生、幸地啓子先生、鈴木正司先生、佐藤宏二先生、小池敏範先生、山口昇先生に取材し、ご協力いただきました。第3部の判例解説では父に確認できなかった事項を藤曲先生に確認していただきました。先生方には深く感謝いたします。

最後になりますが、本書上梓に際しまして大変お世話になりました中央経済社の秋山宗一氏、土生健人氏にお礼申し上げます。

令和3年6月

野口　結花（長女）

【著者紹介】

山本守之（やまもと・もりゆき）

昭和33年12月に第８回税理士試験に合格（登録番号14307）。昭和38年10月に税理士事務所を開業。

以来、事務所経営、受験指導、講演活動等を通して、多くの税理士を育て、要職（日本税務会計学会顧問、租税訴訟学会会長、税務会計研究学会理事、日本租税理論学会理事など）を歴任し、千葉商科大学大学院（政策研究科，博士課程）ではプロジェクト・アドバイザー（専門分野の高度な学術研究，高度な実務経験を持つ有識者）として租税政策論の教鞭をとった。

また、研究のためOECD、EU、海外諸国の財務省、国税庁等を約35年にわたり歴訪した。

⊙主な著書
『租税法の基礎理論』『租税法要論』『体系法人税法』『消費税の課否判定と仕入税額控除』『連結納税の実務』『検証法人税改革』『企業組織再編の税務』『判決・裁決例からみた役員報酬・賞与・退職金』『実務消費税法』『交際費の理論と実務』『税務調査の現場から法人税の争点を検証する』『検証納税者勝訴の判決』（共著）『法人税の実務解釈基準』（編著）『税制改正まるわかり！～動き・焦点からその背景まで～』（以上税務経理協会）『税務形式基準と事実認定』『交際費・使途秘匿金課税の論点』『法人税の理論と実務』『検証税法上の不確定概念　新版』（共著）『課税対象取引と対象外取引』『税金力』『役員給与税制の問題点』『寄附金課税の問題点』『事例から考える租税法解釈のあり方』『税務判決・裁決例の読み方』（共著）（以上　中央経済社）『調査事例からみた法人税の実務』『新法令・新通達による事例からみた消費税の実務』（以上　税務研究会）『法人税全科』『検証国税非公開裁決』（監修）『実務に活かす税務判決・裁決事例』（監修）（以上　ぎょうせい）『図解法人税がわかる本』『法人税申告の実務全書』（監修）『消費税実務と対策はこうする』（以上　日本実業出版社）『税務是認判断事例集』（監修）『支出先別交際費判定の手引』（編著）（以上　新日本法規）『裁決事例（全部取消）による役員給与・寄附金・交際費・貸倒れ・資本的支出と修繕費―こうして私は税務当局に勝った！―』（財経詳報社）『時事税談　人間の感性から税をみつめる』（清文社）他多数。

守之節　税理士のワビ、サビ、洒落、そして作法

2021年11月1日　第1版第1刷発行
2022年8月30日　第1版第4刷発行

著　者　山本守之
発行者　山本継
発行所　(株)中央経済社
発売元　(株)中央経済グループパブリッシング

〒101-0051　東京都千代田区神田神保町1-31-2
電話　03 (3293) 3371(編集代表)
03 (3293) 3381(営業代表)
https://www.chuokeizai.co.jp
印刷／三英印刷(株)
製本／誠製本(株)

＊頁の「欠落」や「順序違い」などがありましたらお取り替えいたしますので発売元までご送付ください。(送料小社負担)

ISBN978-4-502-39981-7　C3034